当代电视新闻媒体融合发展研究

高彦珺◎著

吉林出版集团股份有限公司
全国百佳图书出版单位

图书在版编目（CIP）数据

当代电视新闻媒体融合发展研究/高彦珺著. -- 长春：吉林出版集团股份有限公司, 2023.4
ISBN 978-7-5731-3274-1

Ⅰ.①当… Ⅱ.①高… Ⅲ.①电视新闻—传播媒介—研究—中国 Ⅳ.① G229.2

中国国家版本馆 CIP 数据核字 (2023) 第 085034 号

当代电视新闻媒体融合发展研究
DANGDAI DIANSHI XINWEN MEITI RONGHE FAZHAN YANJIU

著　　者	高彦珺
责任编辑	蔡大东
封面设计	李　伟
开　　本	710mm×1000mm　　1/16
字　　数	210 千
印　　张	11.75
版　　次	2023 年 9 月第 1 版
印　　次	2023 年 9 月第 1 次印刷
印　　刷	天津和萱印刷有限公司

出　　版	吉林出版集团股份有限公司
发　　行	吉林出版集团股份有限公司
地　　址	吉林省长春市福祉大路 5788 号
邮　　编	130000
电　　话	0431-81629968
邮　　箱	11915286@qq.com
书　　号	ISBN 978-7-5731-3274-1
定　　价	71.00 元

版权所有　翻印必究

作者简介

高彦珺,女,1993年10月出生,毕业于韩国东明大学,传播学博士,山西传媒学院文化创意与管理学院广告学专业教师。

主要研究方向为新闻传播、受众者研究、广告策划等。发表核心论文3篇,出版著作1部。

参与短片《60秒》、短剧《进击的金秘书》、微剧《秘密》等多部视频作品的制作。

前　言

随着科学技术发展的日新月异，不同媒体之间开始产生界限，传统媒体之间的生存格局同时也被打破，逐渐发展为不同媒体之间的细化融合。

从"媒体融合现有的发展环境"视角来看，当代电视新闻媒体融合发展模式其实就是新兴网络媒体与传统平面媒体进行密切合作互动，从而实现彼此产业共融、资源整合，形成集团式、集约化的管理运营模式，从而最大化地获得经济效益与社会效益。

纵观传媒领域，不仅有原有的专业媒体（通讯社、电影、电视、广播、杂志、报纸等），更有一批社会化媒体正茁壮成长，如人们熟知的微信、微博、博客、论坛等。这些社会化媒体有着愈发强大的传播力与影响力，已然成为新兴媒体力量，不容人们忽视。

社会化媒体与专业媒体之间彼此渗透乃至融合的趋势同样不容忽视，并且越来越明显。我们能够看到，专业媒体频频对来源于互联网的信息、新闻进行引用，同时也会主动借助社交媒体、移动端应用、网站等对信息、新闻加以传播；相对应的，互联网媒体也对来自专业媒体的内容进行大量转载。

在合作过程中，新媒体与传统媒体不断发挥自身优势，调整产业结构并积极转型，最终于共融中实现共赢。

本书主要包括五章内容。第一章为电视新闻概述，主要包括电视新闻的界定、电视新闻的价值要素构成、电视新闻的叙事结构、电视新闻的叙事方法、电视新闻的叙事理念。第二章为媒体融合的理论分析，主要包括媒体融合中的产业融合、媒体融合中的产业共生、媒体融合中的合作及演化博弈。第三章为国内外电视新闻媒体融合发展比较及启示，主要包括国内外电视新闻媒体融合发展经验、国内外电视新闻媒体融合发展比较。第四章为当代电视新闻媒体融合发展情况分析，主要包括当代电视新闻媒体融合的大背景、当代电视新闻媒体与新兴媒体的融合发展困境、当代电视新闻媒体融合发展的环境分析、当代电视新闻全媒体融合发展的动力机制。第五章为当代电视新闻媒体融合发展技术及对策建议，主要包括当代电视新闻媒体融合发展技术、当代电视新闻媒体融合发展的对策建议、当代电视新闻媒体融合发展的趋势。

  在撰写本书的过程中，作者得到了许多专家学者的帮助和指导，参考了大量的学术文献，在此表示真诚的感谢！本书内容系统全面，论述条理清晰、深入浅出。限于作者水平有限，加之时间仓促，本书难免存在一些疏漏，在此，恳请同行专家和读者朋友批评指正！

高彦珺
2022 年 10 月

目 录

第一章 电视新闻概述 1
第一节 电视新闻的界定 1
第二节 电视新闻的价值要素构成 11
第三节 电视新闻的叙事结构 16
第四节 电视新闻的叙事方法 31
第五节 电视新闻的叙事理念 43

第二章 媒体融合的理论分析 55
第一节 媒体融合中的产业融合 55
第二节 媒体融合中的产业共生 58
第三节 媒体融合中的合作及演化博弈 65

第三章 国内外电视新闻媒体融合发展比较及启示 69
第一节 国内外电视新闻媒体融合发展经验 69
第二节 国内外电视新闻媒体融合发展比较 83

第四章 当代电视新闻媒体融合发展情况分析 89
第一节 当代电视新闻媒体融合的大背景 89
第二节 当代电视新闻媒体与新兴媒体的融合发展 98

  第三节　当代电视新闻媒体融合发展的环境分析 ·················· 102

  第四节　当代电视新闻全媒体融合发展的动力机制 ·················· 118

第五章　当代电视新闻媒体融合发展技术及对策建议 ·················· 121

  第一节　当代电视新闻媒体融合发展技术 ·················· 121

  第二节　当代电视新闻媒体融合发展的对策建议 ·················· 153

  第三节　当代电视新闻媒体融合发展的趋势 ·················· 157

参考文献 ·················· 179

第一章　电视新闻概述

本章为电视新闻概述，主要内容包括电视新闻的界定、电视新闻的价值要素构成、电视新闻的叙事结构、电视新闻的叙事方法、电视新闻的叙事理念。

第一节　电视新闻的界定

一、电视新闻的内涵、分类和信息元素

（一）电视新闻的内涵与外延

电视新闻这种信息传播形式的基础是"传播技术媒介"。1994年，《电视新闻分类与界定》一书对电视新闻是这样描述的："电视新闻是以现代电子技术为传播手段，以声音、画面为传播符号，对新近或正在发生、发现的事实的报道。"以此为依据，我们可以得知，电视新闻是电视媒介传播者，借助现代电子技术这一传播手段，将画面、声音作为传播符号，将大众传播信息作为目的，对正在发现、发生的或新近发现、发生的事实的报道。

基于原有电视新闻的界定，本书又增添了两项内容，分别为传播目的和传播者，凸显电视新闻的大众信息传播的意义与功能。

从传播学的角度而言，电视新闻这一定义至少可以从以下三个层面去理解：

第一，电视新闻的信息内容表现、信息传播手段和信息传播载体要以现代电子技术为基础，以画面、声音等诉诸视觉和听觉的形象语言为信息表现形式和信息传播符号。这一层面的界定使电视新闻区别于传统的报纸、杂志、广播等新闻信息，报纸、杂志新闻以诉诸视觉的文字符号为表现和传播载体，广播新闻以诉

诸听觉的声音形象符号为载体,而电视新闻则以声音和画面等视听形象语言为载体,立体、综合地传播信息。从符号学的观点来分析,画面和声音是电视新闻的能指——"具有物质性质和物质形式的用以承载符号内容的'中介物',是承载符号内容的表达层面",画面和声音所表达的内容是电视新闻的所指。

第二,电视新闻是新近发生或正在发生、发现的事实的报道。换言之,电视新闻是建立在非虚构基础之上的信息报道和信息传播,从而与电视文艺、电视剧等虚构类的节目体裁类型区分开来。电视新闻是见之于事实基础上的。从哲学认识论来分析,事实是电视新闻的基础,没有事实,无以为电视新闻。电视新闻是利用电子技术传播手段对事实的反映,是主观见之于客观事物基础之上的表现形式。电视新闻需要想象力,但是想象力是见之于事实基础之上的。努力接近事实真相是电视新闻报道的目的,通过对事实进行深入的研究、分析、报道,从而让观众无限接近事实真相。真实是电视新闻的生命,电视新闻既要保证事实的真实、细节的真实,同时也要透过现象看本质,达到本质的真实。

第三,电视新闻是信息的大众传播,是通过电视媒介来传播信息的,其信息的把关和控制具有"中心化"的特点。电视新闻区别于一般的信息交流、交换、交易,它是对信息的大众传播,社会责任和主流价值蕴含其中。

(二)电视新闻节目的分类

根据信息的集合形式和整体表现形态,电视新闻可以分为不同的类型。

狭义的电视新闻是指以资讯信息为主的简短的动态报道,也就是我们通常所说的消息类电视新闻;广义的电视新闻是所有依赖于电视媒介传播的见之于事实信息基础之上的信息表达形式。在《电视新闻分类与界定》一书中,电视新闻节目被分为消息类新闻节目、专题类新闻节目、评论类新闻节目(如图1-1-1所示)。这样的分类实际上是按照信息容量和信息所呈现出的主客观程度这两个维度来区分的,是参照传统新闻学分类法,特别是报纸新闻的消息、通讯、评论三大类体裁而形成的。消息类电视新闻强调简短、动态;专题类电视新闻强调在消息基础上的深度扩展,不仅有动态报道,还要提供进一步的背景资料、分析与解释;评论类新闻节目则强调在客观呈现与传播信息基础上，加入传播者的主观分析、评论和解释。

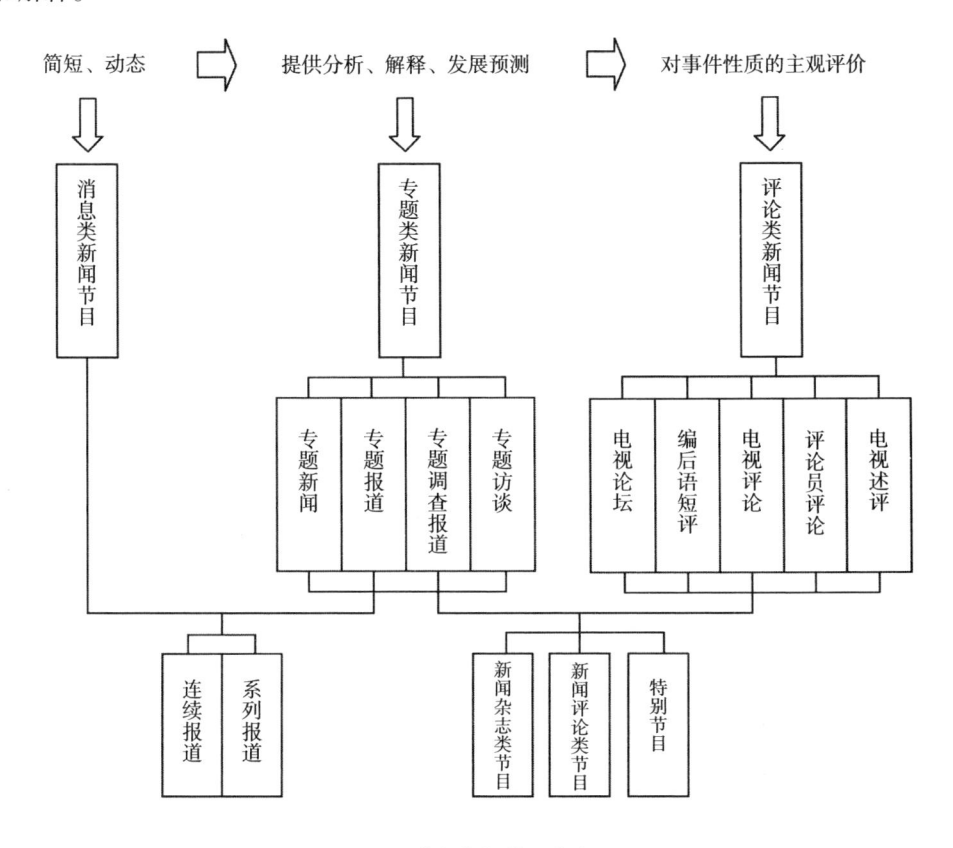

```
简短、动态  ⇒  提供分析、解释、发展预测  ⇒  对事件性质的主观评价
    ↓                      ↓                          ↓
消息类新闻节目         专题类新闻节目              评论类新闻节目
    │         ┌──────┬──────┬──────┐      ┌──────┬──────┬──────┬──────┐
    │         专题   专题   专题   专题    电视   编后   电视   评论   电视
    │         新闻   报道   调查   访谈    论坛   语短   评论   员评   述评
    │                      报道                   评            论
    │                                                                
  ┌─┴─┐                  ┌──┬──┬──┐
 连续 系列              新闻 新闻 特别
 报道 报道              杂志 评论 节目
                       类节 类节
                       目   目
```

图 1-1-1 电视新闻节目分类

《中国电视节目分类体系》一书以"形态"为主要分类维度，把中国电视新闻节目分为六大类，即综合新闻消息节目、分类新闻消息节目、新闻专题类节目、新闻谈话节目、国际新闻节目和大型新闻节目。实际上，在这个分类中，不仅有"形态"维度，还有内容题材之分，如新闻消息节目和国际新闻节目这两类就是以题材为维度与其他类别相区分的。

西方电视媒体对电视新闻的分类没有"新闻专题"一说，主要是按照消息报道（news）、新闻杂志（news magazine）、新闻访谈（news interview）进行分类，包括讨论（discussion）、辩论（debate）、谈话（talk show）、深度报道（in-depth report/analysis）、新闻纪录片（news documentary）等几大类。我们认为，这实际上是按照对事实信息的报道深入程度进行划分的。

为了把复杂的问题简单化，实际上，按照对事件信息的报道深入程度，大致可以梳理出电视新闻节目的一个整体分类脉络。本书将按照形态与体裁的维度，把电视新闻主要分为消息类新闻报道、深度报道（包括组合报道、连续报道、系列报道、电视新闻专题、调查性报道）、电视新闻访谈、电视新闻评论等几大体裁并进行分析。随着现代电视媒体的发展，电视新闻节目的形态日趋多样化，如电视新闻杂志节目和电视读报节目的出现与发展。我们认为，电视新闻杂志节目更多的是一种内容的编排方式，是在电视媒体栏目化后的板块结构模式；而读报节目则趋向于电视评论节目，以多视角的观点和新闻资源的二次加工与整合形成对事件与问题的解读。

（三）电视新闻的信息元素

1. 画面信息与声音信息

电视媒介依靠画面和声音元素双通道传播信息。画面信息可以分为现场信息、虚拟信息（包括动画、图表、文字）等信息；声音信息包括语言、音响、音乐三类信息。在这三类信息载体中，我们可以按照主客观进行分类，把声音信息分为客观声音信息——采访同期声、同期音响、有源音乐，以及主观声音信息——解说词、音乐、音响等。电视画面在近年来得到了很快的发展，尤其是有线电视新闻频道的发展，给电视新闻画面信息的开拓和呈现创造了更多的方式。比如，美国有线电视新闻网的电视画面创造了画面下方的实时滚动字幕信息和虚拟大屏信息、文字、图表和动画等元素进一步拓展了画面的信息量。当然，也有专家指出，根据格式塔心理理论，由于人的知觉简化原则，观众在接受画面信息的时候，总是按照自己的原则去简化、吸取画面信息，不可能兼顾画面所有的信息。因此，这种多层次、复杂呈现信息的方式是否有效，也是个问题。

此外，作为对现场信息的弥补和深化，动画新闻也成为世界电视媒体发展的新趋势。近年来，动画新闻作为一种虚拟信息的视觉化呈现手段，是在画面现场信息不足的情况下，为了让观众更直观地理解信息而使用的手段。同时，它也是把一些抽象信息，如数据，转变为具象信息的一种方式。但是，动画信息绝对不能代替电视新闻的现场信息，也不能成为电视新闻信息呈现的主体，更不能成为记者不去现场的借口。动画信息只能是在现场信息不足或者不能充分说明事件性质的情况下才能使用的手段。

2. 画面信息与声音信息的关系

从画面信息和声音信息的关系来看，电视新闻主要分为声画同步、声画分离和声画复合三种。声画同步是指现场画面和现场声音同步，声音由画面中的人或物体产生，声音和画面共同传达现场信息，也就是通常所说的纪实画面；声画分离是指节目的声音和画面各自按照自己的逻辑展开，声音和画面的关系是各自独立、互相补充的，如现场画面或虚拟信息后期配上解说声音、音乐、音响等；声画复合是指在现场画面与同期声的基础上配上后期解说声音、音乐、音响等。

电视新闻信息元素的这三种关系分别具有不同的表意特征。

第一，现场画面和声音同步的模式，也就是我们通常所说的纪实画面或纪实镜头，是对现场信息的还原和复制。信息具有现场感，画面具有很强的指向性、客观性与实证性，这种信息呈现方式通常用作电视新闻"用事实说话、用证据证明"的重要传播手段。需要说明的是，在运用这种方式的时候，特别要注意现场信息的有效性，要给观众提供有效的信息量。

第二，现场画面和声音分离的模式，也就是我们通常所指的画面配解说或音乐、音响的方式，这种方式除了可以在单位时间内以精练的方式交代现场事件的信息背景、人物关系、基本要素外，还可以成为表达创作者观点、渲染情绪的基本方式。在这种方式中，声音信息与画面信息存在相关性，但并不那么密切，解说词的含义未必完全指向画面。另外，解说词和音乐可以是在画面信息基础上的情绪升华和意义象征的提升。但是，由于解说词和音乐是创作者强行附加的信息元素，具有创作者的主观性，往往在使用上要求有"度"的把握。如果这种外加的强制性信息不符合现场或者与观众的审美有差距，就会有越俎代庖或生拉硬拽之感，往往让观众反感。

第三，声画复合的模式是指在现场信息相对稀疏的情况下加入解说词或音乐、音响，由于保留了现场的同期声，现场的情绪和氛围也得以保留，同时又能交代基本背景、渲染情绪。

电视记者最基本的能力是如何用视听语言还原事件信息，如何运用现场画面信息和同期声清楚、明晰地呈现事实，也就是如何通过视听语言用事实说话。在此基础上，才考虑用解说词或音乐、音响交代背景、提升情感和象征意义。但是，在实际创作中，很多记者恰恰反其道而行之，往往用解说词代替对新闻事件的还原和陈述，在尚未清晰、明确地陈述事实之前，就妄加情绪性的音乐。正如前文所言，没有事实这一基础，何来情绪的渲染和意义的提升。这种在实际工作中的操作误区往往是由于创作者没有在现场捕捉到生动的、有特点的信息，也是许多创作者妄求毕其功于一役的偷懒做法。这种操作方式造成的结果是：外加的解说词和音乐干扰了事实的呈现，电视新闻的现场画面信息成了解说文字的依附品，而新闻的理性、说服力和公信力却由此丧失。例如，日本2011年的"3·11大地震"的报道"日本媒体一般不会在新闻里使用音乐，不希望音乐影响新闻本身，而受灾民众的悲伤与希望也不必用音乐来渲染"，即反映了电视新闻用事实说话、追求客观和理性的操作方式。

二、电视新闻的特点与优势

在实际采访报道中，电视记者应该始终琢磨电视新闻的特点和优势，进而扬长避短，把电视媒介的长处发挥出来。

（一）声画一体的形象信息形态

如果把电视新闻放在人类传播的历史坐标上看，就会清楚地发现，人类传播的终极目标是实现远距离的最大还原与信息传播。在信息传播方面，与历史上的报纸新闻、杂志新闻、广播新闻等相比，电视新闻的特点在于利用形象的画面和声音还原物质现实。从媒介传播的轨迹来看，这是顺理成章的发展逻辑。人类的早期传播是口口相传、面授耳听。随着纸质媒介的出现，信息传播的距离被延展，按照麦克卢汉的理论，媒介成了人的延伸。但是，纸质媒介虽然扩展了信息传播的距离，却损失了所传播的信息的含量。报纸作为纸质媒介的大众传播工具，大大损耗了信息的还原与传播。广播的诞生则部分还原了声音信息，使事件现场以声音进行传播的方式轨迹得到传播延展。电视媒介则通过画面和声音双通道信息还原现场，并实现了远距离传播。随着互联网的发展，信息传播的广度和深度得到进一步拓展。电视新闻视频在互联网上与其他信息形态形成融合，共同传播信息。

海德格尔有这样一句名言：世界被构想和把握成图像。电视媒体正是通过视听语言对信息进行传递，将人们对世界的印象构造出来的。电视媒介具有的技术特性——声画一体，使得电视能够采用形象的活动画面。当然，此处说的"画面"就是声画一体的画面。

声画一体的电视画面是电视新闻传播的基础，也是信息传播的载体。电视记者在对事实报道时，主要是通过画面来进行的，而非仅仅借助文字叙述对新闻事态进行描写。这是电视采访与电视媒介传播的特点。在尼尔·波兹曼看来，"电视最大的长处是它让具体的形象进入我们的心里，而不是让抽象的概念留在我们脑中。"

伴随传播媒介的不断发展，电视新闻的传播终端或路径悄然产生变化，但是，不管人们称呼其为"视频新闻"还是"电视新闻"，就其形象叙事特征而言，并未产生根本变化。

电视记者应该能够用声画视听形象清楚、明晰地传达有效信息，也应该能够用画面和声音叙事。

（二）感性的信息符号形式

电视新闻的声音、画面属于感性的符号形式，其特点是"直观""具体"，而非诉诸概括性、抽象性。虽然电视能够通过抽象符号（如图表、文字等）对信息进行传达，但是从本质看，电视擅长表现的并非抽象的东西，而是感性的存在，如若不然，电视就与文字媒介没什么区别了。所以，电视新闻有着这样一个特点：

使用声音语言和感性画面将信息传达给观众，同时对情感进行表达，使意义得到升华。

（三）动态性与过程感

纸质媒介基于空间对信息进行排列，电视、广播则依照时间顺序对信息加以呈现，所以，电视与广播具有"历时性"。针对电视来说，其对连续的画面进行运用，将现场信息呈现出来，这对现场动态展示方面最具优势。

这种动态，一方面包括内部运动，如色彩变换、场景转换、现场人物运动等；另一方面包括摄像机镜头的外部运动；除此之外，还涉及镜头的编辑、切换。

电视新闻的重点在于还原现场信息，因此，凭借同步对现场信息摄取的方式，电视新闻表现出颇为鲜明的过程感，事件发展的过程和每一个动态过程都能借助电视媒介呈现给受众。所以，在对信息进行呈现时，电视新闻重点要考虑如下问题：如何将静态信息转换为动态信息？如何运用连续画面将现场动态信息原汁原味、栩栩如生地呈现出来？如何将点上的信息向富有过程感的信息转换？

北京电视台播出的《档案》栏目就生动地诠释了电视媒介的这一特点。在节目中，编导和主持人把珍贵的历史片段，通过运用录放机、投影、沙盘、资料展示等不同媒介手段，结合主持人的叙述，形成了一个多角度、立体的信息场。试想，单凭仅有的一些影像和文字资料，如何撑起一档半个多小时的节目？如何把一个静止的、点上的信息，通过主持人在演播室空间的游走、叙述以及不同介质信息的展示，形成一个流动的、极具过程感的影像历史？在这一点上，可以说《档案》的创作人员做了很有益的开拓。尤其值得探讨的是，传统的电视新闻和纪录片的做法是，如果历史影像资料不足，则很多节目便会用大量的万能画面进行填补，只要时代感符合就能说得过去。但是，这种方式始终给人一种隔靴搔痒的感觉。而《档案》通过独特的信息整合方式，使所有的画面信息都具有很强的指向性，不管是沙盘的演示，还是文字资料的展示，不仅把信息落实到了动态的影像上，而且每一个信息的呈现并不是一个可有可无的万能画面，而是体现出栏目对历史解读的当下视角与形式。

（四）现场感

电视媒介的信息是"物质现实的复原"。电视具有再现性的本质特征，电视摄像机所摄取的画面、声音是客观的存在物。因此，纪实性的电视画面和声音被视为现实的真实还原，能够唤起观众的现实感和现场感，观众仿佛被记者和摄像机带入现场，去感受现场中的事件与人物。因此，电视新闻依靠现场的画面、声音、细节、动态、过程等形象性元素说话，将会极大地发挥电视媒介的特点，这成为电视新闻的优势，也是电视新闻"用事实说话"的基础。从这方面而言，电视新闻能够对事件现场的信息进行最大限度的还原，无论是现场的摄像镜头还是出镜的记者，要做的都是尽最大努力让观众对现场有清楚的了解与认知。因此，在采访过程中，记者要尽可能接近现场乃至深入现场，还应当选择最能对现场予以反映的拍摄角度，将最能体现现场的细节抓住，组织最能展现现场的氛围与信息等。

（五）共时性与多空间

空间与时间的关系是辩证统一的。马克思指出，时间即发展的空间。人们对基于技术优势的电视媒介提出了"第一时间的现场报道"的要求。所谓"第一时间的现场报道"，指的是对不同空间的事件及其发展在第一时间予以报道。曾有人说，电视直播就是未来电视新闻的竞争领域之一。信息的发生、发展与传播，观众的收看同步，信息的还原与收视，因电子传播手段而展现出一大特点——共识性。

近年来，中央广播电视总台新闻频道也在逐渐加强新闻的现场直播。在对突发事件类新闻的现场直播中，事件本身具有的悬念感、动态感、过程感等与电视媒介的优势相契合。电视新闻直播不仅仅是演播室直播，更重要的是指现场直播报道，这也催生了主持人与现场记者连线的直播报道。

毋庸置疑，共时性与多空间的特点是电视新闻发展的一大优势，是电视媒介区别于其他大众媒介的特点，这就对电视媒体的资源整合提出了新的要求和挑战。

三、理解电视新闻节目的三个层面

前面我们探讨了电视新闻的媒介特点与优势,可以说是从外在形式的角度去分析电视新闻所承载的电视新闻内容。但好的电视新闻节目远不止于此。如果再进一步挖掘,从节目内涵的角度去判断一个电视新闻节目的优劣,那么除了要看它能否发挥了电视的特点之外,还要从信息、情感与思辨等方面去考量。

(一)信息层面

信息层面指的是,一个节目有没有明晰、准确地运用视听语言对有效信息进行传达,也就是电视媒介有没有发挥社会检测功能去评判。

(二)情感层面

情感层面指的是,节目在对信息进行传达的过程中,是否能够从现场人物及叙述中将情感传达而出,或者对现场信息进行升华,使之能够上升到一定的情感高度,直击人心。当然,有一点不容忽视,这里所说的情感高度应当是基于信息传达的,即基于信息将情感自然而然地牵连而出;更简单来说,是事实在先,而后自然抒发情感,绝非无本之木、无源之水的空洞情感。

(三)思辨层面

思辨层面指的是,节目从传达信息向深入思想延伸,分析问题、思辨问题,探讨事件中的人性问题;概括而言,就是一个节目能否呈现出多面观点和多面事实,能否形成交流、碰撞、冲突和交锋,能否基于多面事实和多面观点的呈现,将一个开放式的思考空间带给观众。

第二节 电视新闻的价值要素构成

一、新闻价值的界定

19世纪30年代是西方报业的"大众报刊"时期。在这一时期，诞生了这样一个概念——"新闻价值"。在大众报刊激烈的市场竞争中，报刊如果想要让自己的读者面变得更广，实现市场占有率的提升，吸引更多的广告，将可靠的财源"收入囊中"，就必须多刊登具有吸引力的新闻。所以，报刊要将一定的标准确立起来，判断、衡量读者容易被何种新闻事实吸引，从而取得更多的利润。而"新闻价值"就是这一衡量标准。

本书认为，所谓新闻价值，是指事实所具有的足以构成新闻的特殊素质的总和，其包含的特殊素质越多，新闻价值也就越大。

通俗来说，新闻价值就像一把标尺，以刻度来衡量对象。如果标尺符合设定的标准，则被认为具有一定的新闻价值。对于不同的国家与媒体而言，这个标尺的设定标准是不同的，需要针对不同国家新闻行业的具体要求进行探讨。但就新闻的本质来说，一些基本的新闻价值标准是普适的。

当今社会，信息被认为是最有价值的资源。在日常生活中，人们需要获取信息、沟通交流。因此，新闻事实在传播过程中能否满足人们的知晓需要，便成为衡量事实是否具有新闻价值的首要标准。

除此之外，新闻事实是否能帮助人们认识新事物、获取新知识、愉悦身心或获得一定的情感和审美享受等，则是记者衡量新闻事实和受众评判新闻价值的其他标准。

二、电视新闻价值的界定

随着新闻事业的发展，学术界也不断研究并探索"新闻价值"。尽管我国电视事业已经诞生数十年，大批研究电视媒体的著作纷纷面世，但是，即便在现在，学术界也未能统一界定何为"电视新闻价值"。本书认为，电视新闻价值，从字面意思来看，就是以电视为传播中介的事实所具有的、能够构成新闻的特殊素质的总和。因此，当其包含更多的特殊素质时，就具有更大的电视新闻价值。

与前面提到的新闻价值相比，电视新闻价值似乎只是多了"电视"两个字，其实不然。在大众传播媒介中，媒介的不同性质和地位决定了传播内容和传播方式的不同。

从横向来比较，以大众传播的主要媒介为例，报纸的平面性和便携性、广播的听觉特性、电视的画面感和技术性，还有网络的丰富性和非线性选择等，不同的媒体具有强烈的自我特征，在内容选择和传播方式上有着较强的针对性。因此，我们在衡量某个事实能否成为新闻时，必须要考虑传播载体，也就是媒介的不同特性，这样才能有效地利用媒体进行信息传播。

从纵向发展来看，我国的电视媒体行业实行"二级办电视"的制度，国家级电视台、省级电视台、地市级电视台，层层分治。大到中央广播电视总台，其信号可以覆盖全国；小到地市级台，其信号只能辐射当地。因此，对于地位不同的电视台而言，电视新闻的选择要根据电视台的自我定位、目标受众和社会影响力等各方面来判定，即对电视新闻的价值要素判断要有所不同。比如，中央广播电视总台所选择的新闻大多是影响力覆盖全国的时政要闻、国际新闻等，而地方电视台则一般更注重选取一些民生新闻题材，以迎合本地观众的喜好。简而言之，就是收视对象不同，电视新闻的价值考量也不同。

三、传统新闻价值要素

在西方新闻学术界看来，新闻价值毫无疑问地具有五大构成要素，分别为人情味、重要性、显著性、接近性和及时性。而读者兴趣要素则包括动物、年纪、两性关系、悬宕、斗争、进步、反常、同情和个人关注。

针对新闻价值的构成要素，我国新闻学术界也开展过漫长研究，最终得出的结论是其具有趣味性、重要性、显著性、接近性和时新性。

第一，趣味性，指的是新闻报道、新闻事实能够引发受众兴趣的程度。从本质看，它是新闻报道、新闻事实对受众情感和精神的满足。

第二，重要性，指的是新闻报道、新闻事实的重要程度、分量大小。当其有着愈重要的内容时，其就具有越大的新闻价值。

第三，显著性，指的是新闻事件参与者与其业绩的知名度。如果新闻事件参与者有着显赫的地位和令人瞩目的业绩，那么该新闻就有着更大的价值。

第四，接近性，指的是新闻报道、新闻事实和受众的接近程度，涉及心理方面、利益层面和地理方面的距离远近。新闻价值的大小与距离的远近呈反比，即越近的距离对应着越大的新闻价值。

第五，时新性，指的是新闻报道的及时程度和新闻事实的新近程度。报道和事件发生有着越小的时差，则新闻有着越大的价值。

尽管学者们将新闻价值要素归纳为一个个较为稳定、相对客观的价值要素，但是我们应当认识到，上述简洁、抽象的标准仅仅属于参考，在实践中应当具体问题具体分析。这是因为在实践中，媒体不同，当理解新闻价值、判断新闻价值时，也有着很大不同。

四、电视新闻的价值要素

基于对传统新闻价值要素的理解，我们大致可以归纳出一些电视新闻的独特基本价值要素。

（一）可视性

近年来，基于图像的电视新闻已经呈现出新闻叙事上的强势。电视新闻以画面为中心，将不同景别、不同角度、连续活动着的图像画面组合在一起，用来叙述新闻、反映现实，这就是电视新闻的叙事手法。画面是电视媒体的基本要素，也是电视媒介相较于其他媒介的最大特性。生动立体的画面和逼真的现场声音，还有通过镜头的不同组接而产生的隐喻或联想，使电视媒体在表达事实时可以超越事物表象，多层次地展现事实真相、丰富报道内容，同时吸引观众的眼球。一言以蔽之，即"新闻要好看"。

1. 动态感、过程性

过去，大众对新闻的要求是向社会大众展示事实真相，重点在于结果。而在多媒体越来越显现出优势时，新闻已经不再仅仅是为了展示结果，事实发生的起因、背景、发展和结果都成为新闻工作者需要逐一展现的内容，而新闻工作者对于这一事件的调查和报道，也自然而然地成为新闻报道的一部分，电视新闻尤其如此。

连续结构的声画一体的信息形态是电视媒体与生俱来的优势，物质现实的复原与纪实再现是电视新闻的特点，因此，对于事件过程的追求便成了电视新闻自然和必然要发生的改变。我们所说的过程性包含两个方面：一方面是新闻工作者负责向受众展示整个新闻事件的起因、发展、结果，以及相关的背景资料等，这对于一般新闻媒体而言是定律；另一方面是电视新闻工作者的特殊之处，记者对于事件的调查会有一个从未知到求知再到知晓的过程。事件发展的过程性和记者调查的过程性为电视新闻，尤其是一些深度调查类新闻报道，提供了画面素材和吸引观众的细节，使新闻具有了动态感和过程性。

因此，在判断电视新闻价值要素时，要考虑该事件是否适合用电视画面来展现，过程的展示是否具有亮点、细节或者小高潮等。事件发展和调查过程中看似极为平常的一些事实，如果电视新闻无法发挥出其基本特性予以展示，那么其新闻价值就表现不出来。

2. 现场感、同步性

电视画面展示了新闻发生和调查的全过程，同时也将观众带到了现场，让观众同步地去感受新闻现场。现场感的营造一般有两点：一是画面记录事件发生的全过程，用镜头让观众的内心参与进来；二是展现记者调查采访的全过程，此时记者不再单纯是新闻工作者，而更像是事实的见证者，带着普通观众的视角，提出质疑或解答新闻事件的真相。画面给观众带来现场感，记者角色设置带着观众同步接触事实发展，这才构成了电视新闻给普通观众带来的现场感和同步性。

因此，对于事实的选择，还要考虑该事件是否适合用现场展现，尤其是过程和细节。能不能调动起观众的积极性，使普通观众产生参与感，是电视新闻选材的重要因素。随着电视直播的日益普及，同步性越来越成为电视媒体的优势。对于新闻而言，直播无疑最大限度地提高了新闻时效性，使得观众能密切关注新闻的最新变化。这一类新闻选题的价值判断更倾向于重大突发性事件，因为题材重大、影响力广泛，并且往往透露出继续发展的趋势，所以值得电视新闻进行持续性报道，同步关注事情的最新进展。例如，重大的奥运会直播报道等。这些内容及报道方式都能让观众同步见证新闻事实的发展变化。

（二）参与性

所谓参与性，并不是指参与具体的电视新闻的制作或播出，而是寻求一种大众心理的参与。人或多或少都有表达的欲望，缺少的只是表达的渠道，正因如此，互联网在出现后不久即迅速蹿红。这不仅是因为它有海量的信息，还因为它能使每个人都成为传播者，从而给一些人提供抒发和解压的手段。可以说，互联网作为一种大众传播媒介，在受众参与上已经发展得较为完善，为受众和传播者提供了一个很好的平台，可以将大众的意见、看法汇集起来，形成强大的网络舆论力量。

我们不能忽视这种参与的力量，对于媒体而言，能够抓住受众的眼球、反映受众的想法，无疑就抓住了受众的心理，培养了忠实观众。电视媒体可能不如互联网参与性强，但是，一些节目也已经逐步开始重视这一部分的运用。现在，选取能够融入多媒体信息或观众参与的题材，已成为电视新闻新的价值要素标准。它虽然是基本要素的附加值，但却会给电视新闻带来新的价值。

电视媒体参与的对象分为两种：一是媒体，二是观众。

（1）多媒体介入

在媒体竞争如此激烈的环境下，谁能为观众提供最丰富的信息和最大的便利，谁就掌握了制胜的法宝。电视新闻对其他媒体新闻内容和形式的运用，无疑是有利于电视媒体长足发展的。因此，在新的媒介生态环境下，电视新闻价值的判断标准中不得不加入多媒体手段运用这个因素。

现在在电视新闻中利用其他媒介方式已经比较常见。例如，凤凰台卫视的《有报天天读》是用电视表现手法来解读报纸新闻，将两者有机地融合起来，既深入解读了报纸新闻，又运用电视手段向观众传播了简单易懂的信息。再比如，新闻直播间也经常引用互联网上的信息，利用互联网快捷、及时的优势，给电视新闻注入了鲜活的资讯。

（2）观众参与

其实，电视新闻很早就开始了嘉宾参与的实践，只是那时候介入更多的是专家、学者、名人等专业人士，而普通观众融入节目的很少。然而，往往普通观众的看法和意见才能代表最大众化的心理需求。

观众参与的方式也有许多种。比较常见的是观众在演播室里直接参与节目，在观看节目的同时表达自己的观点；另外就是电视台发起的观众意见征集活动，或以问卷调查、随机访问的形式等；还有就是观众自发地在各个网络论坛上发表自己的看法。

第三节　电视新闻的叙事结构

初学新闻的人会发现，自己虽然能把事情说清楚，但是与老记者相比，自己的东西看起来总是呆板无趣，事实讲述得平铺直叙，仿佛是流水账。这就是因为他们还不知道新闻结构的奥秘。

有人说：新闻是世间最好的剧本，一个蹩脚的讲述者可能把一个好的"剧本"讲得索然无味，而一个好的讲述者则可以把一个平淡无奇的"剧本"讲得引人入胜。这样的差异除了由语言表述能力的差别引起外，还可能由结构故事的技巧引起。会讲故事的人一开始就把最吸引人的部分放在前面，抓住观众的眼球，步步设置悬念，高潮迭起；不会讲故事的人则可能平铺直叙，故事结构简单，一开讲观众就猜到了结尾，那么观众肯定就要换频道了。

所以，要想把新闻做好，做得吸引人，记者就必须懂得怎样运用不同的结构方式。这一节我们要讲的就是电视新闻的基本结构方式以及不同结构方式的运用。

一、电视新闻结构的界定及作用

（一）电视新闻结构的界定

在界定电视新闻结构之前，我们首先要回答结构是什么。

结构本来是力学术语，是指支撑起一个模型的骨架；引申到新闻学中，即一篇新闻的材料组合、段落安排的总体设计，新闻写作的骨架，文思的脉络，全篇的布局，文体的造型。

世界电影剧作教学第一大师罗伯特·麦基对电影结构的定义是："结构是对人物生活故事中一系列事件的选择，这种选择将事件组合成一个具有战略意义的序列，以激发特定而具体的情感，并表达一种特定而具体的人生观。"

从以上概念，我们得出结构的两个要素：第一是整个"骨架"，即整体的结构是否站得住，故事能否讲清楚，议论能否论明白，是否符合人们的思维习惯。比如，最基本的结构方式——递进式结构，就是根据人们认识事物的逻辑顺序来安排结构的。第二是"组合"，即选择好了支撑起这个骨架的一系列事件以后，要将其合理布局，形成一个有结构推力的组合。比如，悬念式结构从一开始就提出一个问题，然后围绕着这个问题设计悬念，吸引观众的注意力。

好莱坞电影对结构的这两点把握得十分到位，它们的结构骨架立得非常稳，在事件组合上特别考究，每一件事都蕴含着某种推动这个故事的结构力。虽然电视不可能像电影一样去精雕细琢，但掌握了讲故事的结构方法，便可以使电视新闻不再单调乏味，而能够吸引观众的注意力。

那么，什么是电视新闻的结构呢？

结构也一样是电视新闻的骨架。在实际操作中，一个记者可能不知道结构的概念，但他肯定会用结构思维来做新闻。其实，做电视新闻跟写文章是一个道理，如果初学者一开始不列大纲，那么写着写着就会跑题。但熟练之后，就算是不列大纲，他们也会自己形成一个很好的结构。电视的结构就相当于文章的大纲，只不过是写在心里的大纲。

电视新闻的结构过程其实就是一条新闻从繁杂无序到思路清晰的构思过程。记者在拿到一个选题后，便会开始在大脑里慢慢形成它大概的模样，根据每一种选题类型，根据记者所在的节目形态，考虑这条新闻大概时长是多少，用什么样的结构方式讲故事，是按照时间顺序还是逻辑顺序？是倒金字塔结构还是《华尔街日报》体？这些问题作用也许在制作短消息时看不出来，但节目的时间越长，就越显得重要，甚至要贯穿整个节目的前期准备、摄制和编辑过程。

有了大致的方向，记者就可以预测一下：这条新闻可以怎么开始？事件的高潮选择了什么样的结构方式意味着信息的取舍，比如，记者的调查式报道就要适时地加入记者现场出镜报道，要有调查过程中的影像支持。好的结构方式会使电视新闻做得像曲折的小说，吸引观众一路看下去。

另外，不同的结构方式也是一个节目风格的表现，比如《新闻调查》逻辑板块式的报道方式，形成了典型的三段论特点：出现了什么问题，原因是什么，怎么解决；再比如，《走进科学》的悬念式报道方式，特点是提出问题，排除问题，逐渐将问题集中到一处，最后才将结果昭示天下。

（二）电视新闻结构的作用

长期以来，电视新闻制作只注重对新闻内容的研究，"内容为王"一直是新闻媒体的口号。而对于形式，即结构的研究却很少，从业者的结构理念全靠经验积累。其实，形式和内容是分不开的，说什么和怎么说是联系在一起的，"同一事件，不同的视角，不同的介入方式，不同的素材组合，都会影响内容的传达。"所以，近年来，人们越来越认识到结构的重要性，新闻故事化、悬念化的实质就是对电视新闻结构的推崇。

目前，电视新闻已经从资源竞争阶段到了工艺竞争阶段。在资源竞争阶段，电视新闻的核心竞争力是独家新闻；而在当前信息时代，独家已经很难在内容上做到了，除了在观点、角度上寻找突破以外，重形式、做精品便成了各个电视台的发展方向。新闻故事化、娱乐化就是这种工艺竞争的产物。另外，电视数字化时代的到来也将带来观众收视习惯的变化，电视新闻必须经得起观众点播，经得起反复观看。所以，电视新闻的结构变得日益重要起来。

其实，电视新闻对结构的重视，并不仅仅因为它很重要，还因为它很美妙，能给电视新闻带来不一样的效果。具体而言，它的作用有以下几点：

1. 增强条理性

在电视新闻的要求中，讲清楚是基础。电视新闻所面对的材料来自现实社会，是纷繁复杂的，是无序的，只有通过巧妙的结构设计，才能把故事讲清楚，才能更好地传达作者的意图、体现文章的主旨。

2. 增强可视性

在当前传媒竞争环境中，观众已经不再满足于事实的简单呈现，还要求新闻在讲清楚之外讲精彩。所以，新闻要讲得抑扬顿挫、跌宕起伏，避免平铺直叙，这就要靠精巧的结构、靠突破传统的倒金字塔式结构，以及在结构上创新。比如，现在流行的讲故事、铺悬念的结构方法，就让电视新闻像电视剧一样好看。

3. 增加深度

讲究现场深度是当前电视新闻的改革方向。其中，"深度"除了事实要有深度以外，还可以运用结构来形成深度。因为，在某种程度上，结构也是一种蒙太奇，也能形成一种隐喻。

二、电视新闻结构的方式

在介绍常用的电视新闻结构之前，我们有必要先分析不同新闻选题的性质与特点，这样才能结合不同的新闻选题拿出相应的操作方案。

一般来说，我们将新闻报道划分为如下两类，其一，事件类报道；其二，非事件类报道。同时，非事件类报道也可被划分为两类，分别为现象类和主题类新闻。具体来说，这三种类型的报道决定了我们在具体操作中的思路和方法。

第一，事件类新闻。事件类新闻主要依托于正在发生的新闻事件或者新近发生的新闻事件,有着相对实在、具体的新闻切入角度和新闻由头。记者对新闻事件信息进行采访报道,对角度和主题进行提炼,将事件真相挖掘出来,并对事件背后的故事细节予以揭示,如《刘翔夺冠,创造历史》《中国第一艘载人飞船发射升空》《人工林里来了野生鹿》《在千钧一发的时刻》。

第二,现象类新闻。现象类新闻以社会中某领域的发展趋向或出现的某类问题、某类现象为新闻线索展开调查与采访,继而形成新闻报道。一般来说,这种现象或者问题具有抽象性,在电视表现方面具有一定的难度。如何用可视的电视语言来反映这些现象、挖出现象背后的本质特征是电视新闻报道操作过程中的难点。

第三,主题类新闻。主题类新闻是以某类主题为中心展开的采访报道,通常基于国家、社会发展在某个阶段的政策方针、工作重点形成报道内容。由于主题与时政结合紧密,这类主题新闻往往具有极强的现实意义与社会意义,例如,《再说长江》《香港十年》《中国之路》等成就性报道或回顾性报道就属此类。

虽然结构的方式有很多种,但都必须满足三个条件:一是从观众的角度考虑,容易理解,容易接受,有吸引力,不拖沓,不繁复;二是从电视新闻工作者的角度考虑,容易操作,能够快速组织策划并实现;三是从实际出发符合题材的要求。只有符合这三个条件的结构方式,才是最符合电视新闻传播规律的结构方式。

具体而言,常见的电视新闻结构方式有以下 8 种:

(一)倒金字塔式结构

倒金字塔结构最适合于事件类新闻。

长久以来,电视新闻报道的经典结构是倒金字塔式结构,即上大下小——最重要、最新鲜、最精彩的信息放在最前面,其他信息按事实重要性递减的顺序安排。这样的结构适合短、平、快的消息类电视新闻,旨在最短的时间内把最重要的信息传达给观众,如 2009 年 8 月 15 日《新闻联播》的一则新闻《伊朗一架客机坠毁,168 人遇难》。

导语:伊朗一架图波列夫型客机今天下午在伊朗西北部城市加兹温附近坠

毁，机上153名乘客和15名机组成员全部遇难。（导语除了介绍遇难飞机的基本信息以外，着重强调了遇难人员的数字，这是这条新闻最重要的信息。）

镜头：救援现场的大坑，飞机残骸。

这架客机从伊朗首都德黑兰起飞，准备飞往亚美尼亚首都埃里温。客机损毁严重，在地面造成一个10米深的大坑。客机残骸散落在200平方米的区域内。据客机所属的里海航空公司发布的消息，机上乘客大部分为亚美尼亚人。目前还不清楚事故原因。据伊朗媒体援引当地官员的话说，客机曾遇到技术问题，一度试图迫降。有报道说，客机在空中已经起火。（补充细节：10米的大坑是最说明问题的画面，也最能体现这次空难的严重性；之后是人们关心的乘客国籍问题和事故原因。）

据报道，这家由伊朗与俄罗斯合资的航空公司成立于1993年，以经营廉价航班为主。（结尾是最不重要的背景信息。）

这种结构是从报刊新闻继承过来的一种最常用的结构方式，优点是容易组织材料，有利于突出新闻的要点，最重要的是行文简洁明快，适合重大的、突发性的、时效性较强的新闻，如果配上记者现场报道，那么这篇报道就是标准的消息类电视新闻的样式，现在还非常实用。

但因为"重要性排序"这个标准比较随意，所以段落之间的跳跃性较大，很难形成吸引力。这种结构对于某些非事件性新闻也不太适用。

（二）沙漏式结构

沙漏式结构特别适合于事件性强、现场感强的电视新闻报道。

沙漏式结构是一种两头大、中间小的结构方式，与倒金字塔结构的最大区别是：不把最重要的信息点全都放在前面，而是放在开篇和结尾两头，中间插入过渡，这样就形成了两头大、中间小的结构。所以，为了让新闻好看，记者可以把最鲜活的故事或者现场放在前面，但并不交代事物的全貌，而是略有收敛，留待后面讲述，以持续地吸引观众的眼球。这样的结构方式既满足了电视媒介顺时性呈现信息的特点，也发挥了电视新闻现场感、纪实感强的媒介优势。

比如，中央广播电视总台的《河北辛集郭西烟花厂发生特大爆炸事故》。河北辛集郭西烟花厂由于烟花爆炸，造成重大事故，这是一个突发性新闻事件，中央广播电视总台记者迅速赶往现场进行了报道。

主持人导语：今天下午，河北省辛集市郭西烟花厂突然发生了爆炸，我们来看记者刚刚从现场发回的报道。（导语向观众简明扼要地传达了事件信息，随即将报道交给了现场记者。）

镜头：郭西烟花厂现场爆炸的场面：火光，烟雾，惊慌的人群，同期声：烟花爆炸的现场声。（报道首先把观众带入现场，让观众感受现场真实的氛围，突出事件现场重点。）

记者解说词插入：下午6点零8分，辛集市王口镇郭西烟花厂响起了第一声爆炸，接着引起了连锁反应，爆炸持续不断。记者赶到现场时，郭西烟花厂已是一片火海。一股股热气夹杂着浓烈的焦糊味儿扑面而来，弥漫的烟雾刺激得人的眼睛都难以睁开，大大小小的爆炸声此起彼伏。搜寻伤亡人员的工作在爆炸中紧张地进行着。（现场记者简单交代背景，然后按照时间顺序向观众讲述其在现场的感受，通过解说词深化现场内容，把记者亲自闻到、听到、接触到的感受传达给观众，与画面信息形成互补，共同建构一个立体的现场。）

镜头：烟花爆炸形成的火光，奔跑的人群。同期声：爆炸声。（进一步向观众展现现场的情景。）

镜头：指挥人员手持话筒喊叫。现场同期声：除消防人员和救护人员，其他人员全部撤离200米以外。

镜头：黑夜里奔驰的救护车，被救出的当地群众。

同期声：救护车的鸣笛声。

记者解说词插入：据现场抢险人员介绍，爆炸发生后，当地医护人员、消防队员、公安干警等陆续赶到现场抢险。现场不断有伤员从废墟中被抢救出来。医护人员对伤员进行简单的处理后，根据不同情况将伤员送往相应的医院进行抢救。据了解，爆炸发生时，有169人在现场工作，截至记者发稿，有两人死亡，100

人左右受伤。（介绍爆炸发生以后的事件背景、事件所造成的影响，突出此次事件的性质，把很重要的信息放在最后。）

这条电视报道充分发挥了电视采访的现场性和过程性的特点，以正在发生的时态叙述现场事件的进展，突出现场富有表现力的细节场面，同时把叙述打开，形成一个具有持续吸引力的叙事结构。

（三）递进式结构

递进式结构适用于事件类、调查类等新闻报道。

所谓"递进式结构"，指的是在对叙事的结构方式进行安排时，遵照人们认识事物的逻辑顺序、事件发展顺序或时间顺序。这种结构方式最常见，也最容易掌握。

在运用递进式结构时，最重要的是要找到一条贯穿始终、层层递进的线索，并将其清晰地展现出来。这个线索可以是时间、事件的发展，也可以是逻辑的推演、递进。为了让时间、事件这条看不见的线清晰起来，现场记者便成了一个很好的载体。记者在现场作为观众的眼睛，带着观众去经历事件的发展过程，或者去认识一个事物，从而形成一条清晰的线索。由此产生了一种特殊的新闻报道类型——调查性报道。甚至在新闻事件不是很明显的条件下，若要展开叙事，也可以利用记者展开调查的方式来做到这一点。

（四）悬念式结构

悬念式结构适合事件曲折、人物命运感强的电视新闻报道。

说书人常常靠一拍"惊堂木"，再大喝一声来吸引听众的注意。在电视新闻节目中，"悬念"就是这样的"惊堂木"，通过吊起观众对结果的期待来吸引观众看下去。

悬念式结构是在开头设置一个大的悬念，点出新闻中最能吸引人的问题，然后再慢慢地揭开真相。在揭开的过程中再设置小悬念，前一个悬念推动后一个悬念的提出，勾起人们越来越想知道结果的好奇心。有的新闻也可能只在导语部分提出悬念，之后就按事件发生、发展的顺序展开。

这种结构方式适用于那些以戏剧性、情节性见长的报道，特别是新闻事件亲历记、目击记、新闻故事等。比如，中央广播电视总台的《走近科学》、江西卫视的《传奇故事》，都是精于悬念式结构的栏目。

悬念的设置很多时候需要一些结构技巧，主要有以下几种：

（1）还原未知状态，限制信息流动

事实上，主持人在讲故事的时候就已经知道结果了，如果是这样，那么不管知道多少你都不能顺着讲，而应该从你什么都不知道的时候开始讲起，因为这也是观众在看到节目时的状态。

（2）放大知识盲点

把一些不明显的细节有意地提出来，不断"设问——推论——预言——验证"，延缓提供答案；还可以隐没一部分信息，强化这种神秘效果；技术更好的还可以巧设伏笔，暗示未知结果。

（3）放大冲突细节

强调困境与威胁，激化矛盾冲突。这就像电影里面演的所有路都没了，主人公只能铤而走险、奋力抗争。

（4）花开两朵，各表一枝

在冲突关键时刻，中断叙事与解答，转而讲述另一方面的信息。就像电影里的砍头镜头，正当大家担心主人公生死的时刻，画面一转去说另外一个场景的事情，有可能是营救，也有可能是气氛对比下的开心场面，以两个场景交叉剪辑来延缓揭示结果。

需要特别说明的是，悬念不能生造，不能为了造悬念而故弄玄虚，而要有一定的曲折事件做基础，否则就掉入了"猫捉老鼠"的游戏陷阱。

（五）《华尔街日报》体

对于主题类、现象类等非事件类电视新闻报道来说，《华尔街日报》体是非常合适的。

在电视新闻报道中，非事件类题材往往是一大难点，其原因在于，非事件类题材有着抽象的问题或现象，通过可视的电视语言对其进行表现时难度较高。然而，采用《华尔街日报》体时，这一问题便"迎刃而解"。

《华尔街日报》体是专门为非事件类题材创造出一种写作方法。具体而言，在开头引入一个具体事例，这个具体事例可以是大主题下的小场景、小故事，继而分析这个故事，水到渠成地进入新闻主体部分，最后将该新闻的大背景、大主题表明。之后，这种报道叙事方式渐渐成为主题类、想象类报道的常用方法，代入感非常好。

这种结构方式现在已经被普遍采用，特别是在追求硬新闻"软化"处理的当下，运用《华尔街日报》体结构进行处理就是软化的一种方式。比如，会议新闻、经济新闻、行业内政策等新闻，都可以找到新闻事件影响下的人，然后从人当中找出典型故事，这样不但能把枯燥、干瘪、索然无味的新闻变得生动活泼、贴近群众，而且还让节目有了可视的画面作为支撑，形成较强的吸引力。

但是，这样的结构对于一些严肃性问题或一些需要开门见山的新闻报道就不太适合了。这种结构也要防止专门为了新闻而制造具体的事件，更要防止为了专门贴合主题而歪曲事实真相。比如，某一时期，中小学周围出现了一些恐怖玩具，对学生的身心造成很不好的影响。为了调查当地的这种现象，记者进行了暗访。但是，记者很难找到传说中的"死亡笔记"，几经周折才找到一些类似的玩具店。最后，为了讲故事，记者编造了一个开头的故事，说有一位家长发现女儿不对劲儿，翻开她的日记本，发现里面写了很多恐怖的话……这样的新闻完全不顾新闻的真实性原则，难免会误入歧途。

（六）典型集合式结构

典型集合式结构适用于场面大、事件多样的主题性报道。

典型集合式结构是指将几个同一主题的典型集合在一则新闻当中，这些典型可以是不同的人物、地域、事件、年代，在电视新闻中非常常见，比如，在《新闻联播》中最常出现的，每到过节，就有一则新闻汇总各地过节的盛况，以此来表现节日的喜庆气氛和人民的安居乐业。

2009年，庆祝中华人民共和国成立60周年时的一条新闻报道，将为国庆阅兵式做准备的人集中在一起，如小学生仪仗队的队长、走在队伍中的一名大学生、花车设计者等，做成一个片子，以此向为国庆付出努力的人致敬。

这种结构最主要的要求就是要典型。比如，上文提到的这条报道所选择的小学生仪仗队队长有两个备选人，两个孩子都很优秀，他们都很想在国庆时做队长，这就有了背后生动的故事。队伍中的大学生也不是随机选取的，大学生的爷爷是老战士，今年也受邀参加阅兵式，而且爷爷就站在那个大学生所在方队的花车上，祖孙俩在一起就有了故事。

典型集合式结构最重要的就是要造成积累的效果，所以各个部分必须平衡。虽然各个典型之间的关系不大，但一定要选好第一个故事和最后一个故事。叙述者必须保证开头的第一个故事能很快把人们带入那种情境，让人们感受到主题；最后一个故事要使主题升华，给人以意味深长的感觉。

另外，典型集合式结构的每一部分不一定要马上讲述清楚，可以把最精彩的部分分为几段，交叉叙述。比如，美国纪录片《地球》（Earth），一开始就讲在地球的北极，熊妈妈带着两个儿子等着熊爸爸觅食归来。"它们不知道，麻烦正等着它们。我们的星球正在变暖，海面上的冰每年都在提早融化。这里是熊捕猎海豹的唯一场地，如果冰面开裂前它们不能赶到，全家都得挨饿。而熊爸爸回来的路上冰雪已经开始融化，说不定就回不了家"。然后讲述下一个板块，针叶林带。但节目的最后还是回到了北极，冰川已经变成了海洋，"公北极熊现在的处境非常危险，如果它不能尽快在广阔的大海上找到陆地，它就会被淹死"。之后讲述公北极熊为战胜饥饿与海豹斗争，最后以失败告终。"一年过去了，两只熊崽战胜了困难，它们离开了妈妈，茁壮成长着。它们日新月异的世界正转变得越来越快。它们父亲的冒险精神在这些优秀的年轻人身上延续"。这样的结构，一方面把最精彩的部分分为两部分前后照应，另一方面也告诉人们一年过去了，时间还在延续，我们要保护我们赖以生存的地球。

(七)逻辑板块式结构

逻辑板块式结构是一种类似于议论文的电视新闻,一个板块有一个中心,板块与板块之间有逻辑关系,但是,这个逻辑关系又不是时间顺序式的,只是为了说明问题并得出结论。

这种结构也经常用于话题类、主题类题材。比如,我们在讲汉字的简繁之争时,肯定要找到简繁之争的焦点在哪里,然后一一去讨论。如果我们找到了争论的焦点是汉字的功能与文化孰轻孰重的问题,那么我们就可以这样安排结构:第一部分提出问题,展现正反方观点;第二部分分析双方的观点,得出这个焦点;第三部分讲述该怎么看待这个问题。这个逻辑关系非常明显:提出问题——分析问题——解决问题。

《新闻调查》的节目中有很多这样的例子,比如,2009年5月16日播出的《流感袭来:甲型H1N1病毒》。节目分为以下四个部分:

第一部分,讲述卫生部今天(2009年5月16日)通报四川省确诊一例甲型H1N1流感病例。面对这样突然爆发的全球性流感疫情,世界是如何应对的?节目采访了我国著名呼吸内科专家钟南山,他也是2003年抗击"非典"的领军人物,以他的眼光去看世界卫生组织的这次快速反应。

第二部分,讲述了在人类历史上曾经发生过的像甲型流感这样的全球性疫情,探讨这次流行的甲型H1N1与1918年"西班牙流感"时的H1N1有什么不同,从而和此次禽流感形成对比。

第三部分,来到抗击非典疫情的主战场广州,探讨现在中国将如何迎战甲型流感,从而告诉读者我国处理突发公共卫生事件应急水平的提高。这样的叙述隐喻着:这次甲流没有那么可怕,我们有足够的经验去应对。

第四部分,思考。首先提出在公共卫生应急机制中,培养公众的危机意识是一种重要的防疫机制,所以每个人在这个时候都有责任,如果出现发热情况要配合观察。最后是人类的反思:"有人说,制造这次全球流感疫情的责任者正是人类自己。现在是到了认真思考人与环境、人和其他生物之间的关系,并在实际行动上作出改善的时候了,人类不能缺少平衡与共生的智慧"。

这四个部分的关系没有那么严密,但是,它把人们一点点从全球拉到每个人的身上,让人们了解了这次流感到底是怎么回事,该以什么样的心态去对待。

(八)复线式结构

人们也用"双线结构"称呼复线式结构。从字面意思不难看出,这种结构方式意味着新闻报道的展开需围绕"两条线"。两条线之间可以形成某种相互关系,如对比式、交叉式、平行式。复线式结构相对复杂,需要时间长度来承载,所以常用于电视新闻专题节目。

比如,我们要讲一个工厂的发展,就可以运用对比式的结构:一条线讲过去,另一条线讲现在。如果我们要报道一场演习,就可以运用交叉式的结构:一条线讲演习的现场过程,另一条线讲准备的辛苦。再比如,我们要跟踪一个稽查队查案的过程,这个稽查队分两组同时行动,我们就可以用双机拍摄,运用平行式的结构来展现整个过程,不但真实地展现两组队伍的行动过程,而且制造了紧张气氛。

此外,除了双线结构,还有多线结构。比如,《香港十年》第一集《十年见证》的开篇,分别从香港一所小学的升旗仪式、香港紫荆花广场的升旗仪式以及香港警察学院的升旗仪式展开,同步叙述,从教育、政府、执法等机构切入,以升旗这一极具仪式感和国家象征的场面入手,最后万物归宗,都汇流到1997年中英香港回归交接仪式上的升旗仪式上。节目可谓结构精巧,非常好地起到了以点带面、以铺陈积累烘托情绪、以具象画面提升情感和象征的作用。当然,多线结构由于篇幅和体量的规定,在电视新闻中并不十分常用。

三、电视新闻结构方式的影响因素及要求

(一)影响因素

一条电视新闻究竟采用哪种结构形式,往往要综合考虑以下几个因素:

1. 电视新闻的播出平台

节目的编辑思想、节目形态、时长、风格都有其规范,直接影响节目对结构方式的选择。对比《焦点访谈》和《新闻调查》就可以发现,同样是调查类新闻报道,受节目时长的限制,两者相比,《新闻调查》的结构方式更加多样化。

2. 新闻事件本身

电视新闻与电影的最大区别就在于它的非虚构性,电视新闻不能由编导随意设计结构,而应该根据新闻事件本身的内部结构、事件类型来组织结构方式。如果是现场性很强的新闻事件,则可以根据时间顺序来安排结构;如果新闻事件是现象类或话题类,则可以选择《华尔街日报》体结构方式,选择一个具体的事例作为引子,通过事例来解释或者揭示现象;如果事件本身的逻辑性比较强,则可以运用逻辑板块式一步步推理论证;还可以根据事件本身的戏剧性,选择不同的结构方式,比如,在两个现场同时进行的时候则可采用双线结构方式。

新闻事件永远是结构方式的源泉,记者在结构电视新闻节目的时候应该解放思想,不能囿于既定的模式。

3. 现场取材方式

电视新闻是用画面来讲故事,只有在画面的支撑下才能更好地发挥电视的优势。因此,对于电视新闻来说,取材方式便可以直接成为一种结构方式,比如,调查式报道,记者的调查就可以成为一条无形的叙述线、一条无形的逻辑线,这种报道方式在《新闻调查》中比较常见。现在在民生新闻中也出现了很多这样的新闻,有时候不是调查,而是通过记者体验来结构新闻,我们可以称之为体验式报道。比如,北京电视台的《体验一卡通》。北京市一卡通开始运行,这在新闻中算是一种行业硬新闻。一般软化这种硬新闻的方法可能只是去找一些当天使用一卡通的市民,通过采访了解一下情况,然后再找公交公司的领导说一下一卡通的作用。但是,北京电视台当天派出了两路记者:一路坐公交,另一路坐地铁,分别体验一卡通在运行当天带来的不同,这种方式就会给观众留下很深的印象。记者等了两趟车才挤进公交车,在公交车上,因为太挤只好让前面的人把卡递过去才刷上，而且本来准备只坐一站就下车的记者，由于挤不下去只好又坐了一站。这些画面都非常生动，把一个普通的新闻做得很出彩。

向历史取材的方式也会影响新闻的结构。如果用第一人称来叙述，就会形成倒叙的结构方式。比如，在《幼童》节目里，一个男音以容闳的口吻讲述当时的故事，生动地展现了当时容闳负责第一批留学生的偶然性和必然性。如果从现在取材，则可以采用情景追忆、人物采访追忆或情景再现等方式，在结构上就可以形成历史和现实双线式。

（二）结构要求

电视新闻的结构是一种较之文学作品更为复杂、精细的结构，具有特有的叙述方式和表意系统，比如，人（记者、主持人、播音员）、画面、同期声、解说词、音响、字幕等。这些表达符号在结构意义上就是构成电视新闻结构的最小元素，就像文字一样，供人们遣词造句。

虽然电视新闻的表达符号具有多元性，使用的表达符号也不是单一的文字，但是其结构要求却万变不离其宗，不外乎尊重新闻的真实性、结构完整和具有创新性。

1. 尊重新闻的真实性

因为结构和结构中情节的需要，有时候需要对新闻事实的发展过程进行分解（有时候是制造悬念的需要），有时候需要挖掘一些结构性的细节，甚至有时候需要情景再现。但是，其前提都必须是以真实性为底线，不虚构、不歪曲，不违反新闻职业道德。结构是为内容服务的，如果内容不符合新闻的要求，则再好的结构也没有意义。

2. 结构完整

好的电视新闻在结构上应当有一个完整的叙事序列——起因、发展、高潮和结果。但是很多新闻现在最容易缺失的就是起因和结果。在新闻报道中，我们需要的内容可能只是过程中的一部分，但我们仍然必须满足观众的心理需求，告诉他们结果是什么。

3. 具有创新性

一条新闻可以有很多种做法，但是，在长期的运作过程中却容易模式化。比如，上面我们举的那个例子——北京公交一卡通开始试用。一般的做法是：先告诉人们北京乘公交地铁可以刷卡了，然后采访乘客有什么好处，最后采访公交公司的领导开通公交一卡通的意义。这样的新闻的传播效果几乎为零，而北京电视台采用的体验式报道形式就很吸引人。在当前新闻竞争激烈的情况下，新闻报道结构必须要仔细安排、设计，才可能有竞争力。

第四节　电视新闻的叙事方法

在结构新闻的时候，记者最先确定的只是一个选题。如何把这个选题变成节目？如何用影像语言来展现事件、凸显主题？如何使新闻能够贴近观众？许多初涉电视领域的记者呈现出的电视作品往往大而空，或者通篇解说词加空镜头；或者节目简单、乏味，观众看了开头便知道结尾。

这些问题实际上都是记者没有掌握好电视新闻叙事方法的表现。这一节为大家介绍一个普遍适用的新闻叙事方法——微观聚焦叙事法。

一、微观聚焦叙事法

经过几十年的发展，电视报道已经逐渐形成了一个比较成熟的叙事模式——微观聚焦叙事法，简言之，就是新闻事件化、事件故事化、故事人物化、人物个性化。这实际上是一个具体化和形象化的过程，聚焦微观切入口，以此为抓手，展开叙述。由中央广播电视总台投资的《香港十年》剧组在2006年筹划创作该片时提出了"以真实为灵魂、以人物为主角、以故事为载体、以情感为核心"的创作宗旨，而最终的落脚点是现实，其创作宗旨充分反映了当前电视新闻节目的报道思路和结构方法。

那么，什么是新闻事件化、事件故事化、故事人物化、人物个性化？下面我们将一一阐释：

（一）新闻事件化——选择真实的事件

我们也可以用"主题事件化"称呼"新闻事件化"，指的是精心选择最具代表性的、最典型的事件，以此作为报道主题的载体，基于这些事件，对新闻主题进行勾勒、突出，并加以深化。无论是现象类新闻、主题类新闻还是事件类新闻都必须立足具体事件，对展现新闻价值、表达主题的途径进行探索。

在报道实践中，特别是面对主题类或现象类报道，很多记者喜欢将概念作为切入点，生硬地用解说词去贴合画面，这也是他们的报道过程中的最大问题。这样的报道不仅枯燥无味，而且十分空泛。为防止这一问题发生，记者应当为这些主题探寻生活中的真实个案、事件，在展示事件及细节的过程中，将主题与概念自然而然地呈现出来，这也是新闻事件化的目的。

用简单的话说，新闻事件化就是人们常说的"用事实说话"，记者要用真实的事件、细节说话。举例而言，大型电视专题系列片《澳门十年》《香港十年》《再说长江》等重大题材主题性报道，都采用了上述报道叙述方式。

（二）事件故事化——故事化的叙述方式

所谓"事件故事化"，即采用故事化的叙述方式，像讲故事一样娓娓道来，引出并解释事件，从而打造悬念、形成起伏，激起观众的好奇心，最终牢牢吸引观众。当然，也有人这样形容：新闻故事化实际上就是对传统短、平、快的"倒金字塔"式报道方式予以打破，继而细节化、情节化地表现新闻，将新闻事实拥有的部分戏剧因素凸显出来。

村上春树（日本作家）曾言，世界以"故事"为共同语言。这是毋庸置疑的，人类天生就喜欢故事，即便是不识字、不会说话的孩童，也喜欢依偎着父母，听着故事入眠。人们不仅爱听故事，也喜欢讲故事。当今的电视媒体首先需要考虑的就是，怎样在电视新闻报道中运用富有吸引力的故事技巧，让观众被牢牢吸引，从而坐在电视机前。

从西方新闻报道来看，西方记者把新闻（news）看成针对特定对象群的故事（story）。他们经常说"This is my story"，而不说"This is my news"。电视新闻报道已经越来越重视"怎么说"，越来越注重讲述的技巧。正如中央广播电视总台《再说长江》《香港十年》的总制片人所说："只有你没有发现的故事，没有你不能使用的手段"。

（三）故事人物化——设置中心人物

新闻因人而生动。"故事人物化就是让新闻故事的主人翁立起来，用人物的命运变迁和具体感受来加深人们对新闻的印象，为新闻的主题服务"。故事需要人物去承载，需要中心人物去讲述。在这里，对新闻事件人物的选取就至关重要。《60分钟》制片人唐·休伊特（Don Hewitt）说："我们不是讲故事的人，我们的对象比我们更擅长讲故事，我们只是帮助他把故事讲得更好。"中央广播电视总台孙玉胜认为："人物是可以而且足以同时承载理性与感性的，从人物切入是一个巧招。"在电视报道中，如果没有一个有个性的、有吸引力的人物，事件就失去了灵魂。正是这些千姿百态的人物众生赋予了事件以人文情感和命运感。因此，如果我们把所有的技巧比喻成一个圆，那么人的因素就是这个圆的核心，所有的采访、报道、叙事技巧，最后的落脚点都是"人"，即使像动物世界、自然奇观这类题材，也都是因为采用了拟人化的形式或赋予了人文色彩才显得生动有趣。因为，观赏节目的是"人"，是具有共通情感的人。

（四）人物个性化——突出中心人物

人物个性化是指在新闻人物的刻画和描述中，注重细节的拍摄和描述，用细节来突出人物的个性，用细节来加深观众对新闻的印象。这一点是对故事人物化的补充和强调。

有人说：只有不好的采访，没有不好的采访对象，这是强调记者在采访中的主动性。在实际操作中，选择一个好的采访对象可以起到事半功倍的作用。因此，也有人说，好的采访对象如同好新闻，可遇而不可求。

二、微观聚焦叙事法操作原理

（一）怎样做到"新闻事件化"

"新闻事件化"最重要的一点就是将新闻选题具体化、形象化。

电视是一个形象化的传播工具，传播的信息要依靠感性的画面语言来支撑概念、思想和感情。所以，电视新闻必须有一个具体的事件，以获取影像支持。而事件类新闻不存在这个问题，因为它天然就有事件作为承载，但现象类和主题类新闻就要选择一些新闻事件将主题具体化。

从现象、主题到具体的新闻事件有一定的流程，主要有以下两步：

1. 读懂现象和主题

记者只有对现象的发生、发展、原因、影响等有一个深刻的了解，才能找到所需的新闻事件；对主题的直观表现、影响等要有深刻的认识，这样才能找到主题具体化的点。比如，《香港十年》的主题就很明确，就是香港在回归十年后，在"一国两制"制度下的发展与变化。如果没有具体的事实，只有十年的数据，那么这个节目只会变成一篇枯燥的"说明文"。所以，编导先将主题具体化，确定为表现香港回归十年里的"变与不变"，这样，事实的选择就有了清晰的目标。不管是"回归宝宝"张心柔，还是1997年回归时中英政权交接仪式上的升旗手柴家辉警官，都成了主题下的人物。《香港十年》通过十年来这些人物的心路历程、切身感受以及个人命运的故事，使观众从细微处感受到了回归后港人对"一国两制、港人治港"的认同，共同见证"一国两制"制度的成功。

2. 选择具体的新闻事实

与现象和主题有关的事实有很多，在选题策划会上，编导们会把所有能想到的事件都列出来，然后进行筛选。他们选择事实的标准是：要有普遍性和典型性，能够起到"管中窥豹，可见一斑"的作用。具象的事件要能反映普遍的联系，同时又具有个性化的形象表现力，由此做到以小见大、从微观处看宏观。特别是当报道一些行政指令、管理举措、机制体制改革等抽象或宏观主题时，更应该落实到具体的点上，再从点上生发开来。

新闻事件化的过程一定要坚持"以真实为灵魂",不能为了找到一个事件而不惜现场导演或者编造事实。

(二)怎样做到"事件故事化"

近年来,故事化的讲述方式在新闻中逐渐得到凸显,报纸杂志也开始提倡故事化的写作手法。2003年7月《中华新闻报》的文章《故事化——新闻写作的一种思路》,以及同年9月清华大学教授李希光在《畸变的媒体》中提出的"讲故事的新闻写作"等观点引发了新闻媒体对"故事化"写作取向的思考。在电视媒体领域,故事化的叙事理念也开始打破电视新闻、深度调查报道、纪录片等非虚构类节目平铺直叙、一击到底的模式,开始采用问题设置、峰回路转的方式。随后,这种模式在其他非虚构类节目中得到了全面的拓展,"事件故事化""戏剧性和冲突性""悬念设置"等种种故事性的因素逐渐凸显。

《世界纪录电影史》一书的作者——美国学者埃里克·巴尔诺认为,早在弗拉哈迪的《北方的纳努克》中就显示出了故事技巧,"弗拉哈迪显然已经掌握了在故事片中发展起来的基本原理,这种发展不仅改变了技术,而且也改变了观众的欣赏习惯。弗拉哈迪完全吸收了故事片的手法,然而却把它运用在既非作家和导演创作的,也非演员表演的题材上去了。这样,既保持了戏剧性场面感人的力量,又将其与真实的人结合起来了。"最早将这种叙事方式引入电视新闻报道的是美国电视界,从美国老牌的杂志类新闻节目《60分钟》《20/20》《日界线》《48小时》到新近的美国有线电视新闻网的纪录片式节目《未告知的故事》,无不在竞争中探索如何用钩子式的叙事技巧吸引观众的注意力。随着美国探索(Discovery)、国家地理(National Geographic)等频道纪录片节目的出现,这一叙事模式更加得到了强化。

近年来,中国许多电视媒体都在研究节目如何以故事讲述事件,比如,中央广播电视总台的《新闻调查》《共同关注》《走近科学》《百科探秘》等栏目,都从悬念设置、氛围营造、故事结构等多方面探索故事叙述技巧,这些探索也都为中国电视节目的叙事发展提供了很好的范本。

1. 故事的界定

《现代汉语词典》对故事的定义是"真实的或虚构的用作讲述对象的事情,有连贯性,富吸引力,能感染人","文艺作品中用来体现主题的情节";希洛米斯·利蒙坎南在《叙事小说》中将故事定义为"一系列按时间顺序排列的事件";法国学者茨维坦·托多洛夫将故事定义为"从一种平衡开始,通过不平衡达到新的平衡"。我们认为,托多洛夫对故事的定义最具有代表性和说服力。当一个事件原有的状态被打破,即产生了新的信息和推动事态发展的动力时,从新闻的角度来说,报道要关注这些被打破平衡而出现的事物的新的状态,并跟踪事件的发展,形成后续报道。

电视新闻的故事化讲述方式就是充分利用新闻事实中的故事性元素,采用讲故事的方式展现新闻事件。

2. 故事的要素

仔细分析,我们可以从主题、结构、悬念等方面来探讨故事化的叙事方式。

(1) 故事主题

明确故事的主题,首先要对故事进行聚焦和窄化。在这里,聚焦主题可以采用这样的方式:被采访报道的事件当中什么让记者最好奇?故事中最有趣的地方在哪里?从这个故事中,我们了解到多少以前不知道的事情?故事的主题决定着节目的发展方向,我们以此来组织叙述事件和人物。

比如,美国探索频道的主题,都是"人类本身已经感兴趣,但还弄不清楚的内容,是现实生活中曾经存在的或有待求证的事情。一类是自然的,如神秘的科学现象、大自然的奇迹、动物、风光旅游地,如《灰鲸迁移》《驯鹿返乡》等;一类是历史文化的,如文化遗迹、历史人物、风俗,如《寻找亚特兰蒂斯》《伊斯坦堡传奇》;一类是人类自身肉体和精神的,如身体结构、身体器官、情感和性,如《大脑》《认识两性》等"。

(2) 故事结构

关于结构,在上一节已经有所介绍。正如前文所言:"所谓新闻故事化,就是打破惯常的'倒金字塔'式短、平、快的报道方式，而对新闻进行细节化、情节化的表现，凸显新闻事实含有的一些戏剧因素"。吸引人的结构在一定程度上自然也会营造出故事的气氛。

（3）悬念设置

设置悬念是叙述故事的重要手段。何为悬念？尽管许多栏目和研究都认为悬念是故事化最重要的方式，但我们应具体分析而不能笼而统之。悬念是钩，可以抓住观众的注意力。《现代汉语词典》对"悬念"的解释是："欣赏戏剧、电影或其他文艺作品时，观众、读者对故事情节发展和人物命运很想知道又无从推知的关切和期待心理。"悬念是"戏剧性故事的讲述者运用更有诱惑力的技巧……来吊你的胃口……从广义上讲，他埋下一颗炸弹，这颗炸弹可能是物质的，也可能是感情的，然后把它留到最后爆炸。就这样，它把戏剧中的能量释放出来，这种能量就是悬念"。悬念的设置已经得到了中国电视媒体的重视。比如，中央广播电视总台的《走近科学》栏目于2001年7月9日在科教频道开播，而后作为主打栏目进入中央广播电视总台第十频道的晚间黄金时段节目群。在激烈的节目和频道竞争环境中，作为十年前在电视收视环境发生剧烈震荡的背景下出现的一个栏目，《走近科学》在叙事技巧、创作理念等方面都不啻是中国电视节目在竞争中求生存的一个缩影。《走近科学》在悬念上进行了比较深入的探索。中央广播电视总台另一档新闻栏目《新闻调查》也非常强调悬念意识和问题意识。

3. 讲故事的技巧

（1）强调熟悉的陌生化

一个人们习以为常的事物是不会引人注意的。"陌生化"就是要打破人们的这种惯常思想，采取一种有距离的视角，重新观察那些被我们认为理所当然的事物。这就需要记者在采访准备的时候多下功夫，在采访过程中要抓住一些新奇的情节。

但是，强调陌生化并不意味着越陌生、越极端越好。根据受众的选择性接触心理，人对自己有一定认知的事物是感兴趣的，熟悉的信息有时候会引起观众的共鸣或激发其满足感。

（2）用细节和事实说话

细节是电视新闻一直强调的，要讲好故事更不能没有细节。故事本来就是由"谁（who）""在哪（where）""发生了什么事情（what happened）"构成的。如果想把故事讲好，就必须为观众还原一个场景。这个场景越是有细微处，便越能让观众有一种亲身体验的感觉。好的新闻没有一个是没有细节的，好的细节不但能够揭示新闻主题，更能加深新闻在观众心中的印象。比如，汶川地震的时候，张泉灵在采访中听到村民说"我们的房子碎了"，于是她就以背后的瓦砾作为背景，做了一个感人的现场报道。

细节的力量是巨大的。曾有这样一个感人的故事：一个双目失明的乞丐沿街乞讨，脖子上挂着一块牌子——"我看不见"，但每日所得甚少。大诗人拜伦怜悯他，提笔在牌子上添了四个字，一时行人纷纷解囊。他添的字是：春天来了。"春天来了，我看不见。"就是这句话感动了所有的人。春天这个场景给了人们一个想象的空间，让他们对眼前的盲人产生了深深的怜悯。

（3）注意节奏

电视新闻要抑扬顿挫、跌宕起伏，还要避免平铺直叙。根据传播学的"需要与满足"理论，受众要想得到满足，就必须有需求，所以，电视新闻除了在选题上要为受众需求考虑以外，对信息的处理也要有节奏感，要从头到尾牵着观众走，有张有弛；既要及时提供信息，回答观众心中的疑问，又要留有余地，吸引观众继续看下去。

好莱坞的商业电影要求7分钟必须有一个高潮。电视新闻，特别是比较长的专题节目也应该有节奏感：在信息量大的段落之后是不是要有一个信息解读？在理性分析之后，是不是可以加一段感情段落？

（4）渲染与升华

电视新闻运用音乐与特效手段进行适当的渲染与升华。

今天的电视节目特别注重音乐的感染和强化作用。人的情绪很容易被音乐感染，不管是欢快的还是悲伤的，不管低沉的还是激昂的。只有有了音乐，观众才容易在节目中注入自己的感情。比如，纪录片《俺爹俺娘》的最后，当焦波告别他母亲的时候，音乐起；当焦波走到楼下的时候，镜头从下往上，年迈的母亲向下面挥手，景别越来越大，窗户越来越远，音乐也随之达到高潮。看到此场景，听到此音乐，无人不潸然泪下。当然，音乐的使用是在事实基础上的合理升华，而不是简单的空穴来风。

特技也会给叙事增光添彩。电视并不善于表现感性的、心理层面的东西，正是有了特技，电视在表现手法上才如虎添翼，可以用特技处理过的意向镜头表现有内涵的东西。

（三）怎样做到"故事人物化"

如果一条新闻让你印象非常深刻，那很有可能是新闻中的人打动了你。所以，"故事人物化"就是要求新闻走出以事为中心的误区，要关注新闻中的人。

西方电视新闻报道遵循3C原则，即"Compelling Central Character"，意为"引人注目的中心人物"。在这里，中心人物是一个概述，阿尔·托普金斯（Al Tompkins）指出："实际上，在报道中，中心角色通常是一个人，但有的时候也可以是一些事物，比如老教堂、墓地等，是一切能够激发观众情感的形象性元素……中心角色的设置是节目传达信息、讲述故事的重要机制"。"要有人物驱动的戏剧化故事"，找到一个强有力的讲故事的人物，尽快在屏幕上放一张脸，这张脸是能够生动地讲述故事的脸。《俺爹俺娘》中的焦波、《杨柳坪七日》中的叶光明和杨正红夫妇、《再说长江》里的冉应福等，这些生动的作品背后都是生动的人物形象。

1. 中心人物的功能

具体来说，电视新闻节目中的中心人物承载着如下功能：

第一，中心人物具有典型性和代表性，代表一个群体或者一个集团的整体形象，中心人物具有以个体反映整体、以个别反映普遍的功能。

第二，中心人物能够推动事件向前发展，中心人物的行为动态、矛盾冲突，能够使事件往前推进。

第三，中心人物通过语言、行为等动态因素，以人际交流的方式向观众传达信息。

第四，中心人物使节目蕴含丰富的人文内涵，从而摆脱概念与说理的简单状态，传递出生动且丰富的人文信息。

2. 中心人物的判断标准

如何在纷繁芜杂的生活中发现中心人物？如何在事件中梳理出中心人物？我们认为，节目中的中心人物可以按照以下标准去判断：

中心人物首先是事件当事人、核心人和见证人，是离现场最近、对事件细节信息最为了解的人物。记者在选择采访对象作为中心人物的时候，可以设置这样的问题来判断中心人物对事件信息的权威性："事发时，你在哪里？""你从事这项工作有多少年了？你对这个问题关注多长时间了？（你有足够的经验吗？）"

在人物见之于事件权威性方面的判断上，中央广播电视总台访谈中心原制片人杨继红提出过"同心圆"理论：

在这个同心圆中（如图1-4-1所示），居于中心的是当事人——与事件有直接关系的人。"当事人，是事件的参与者，他们要么促成了事件的发生，要么受到事件的直接影响。"

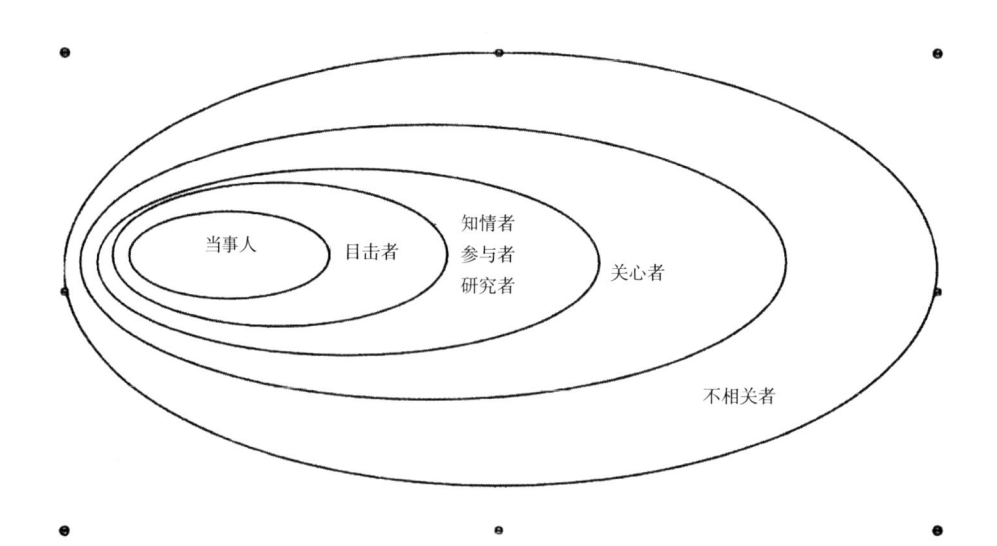

图1-4-1 选取中心人物的"同心圆"理论

在当事人外围的是目击者——事件见证人。比如，北京电视台原有栏目《第7日》的一期报道，《京华时报》的一位记者拍到了醉鬼横躺在马路中央，造成交通堵塞的事件，而《第7日》栏目的记者并未拍到这个现场。于是《第7日》的记者请这位《京华时报》的记者在事发现场讲述了事件的前因后果，画面配上这位记者所拍的新闻照片。主持人导语说："侯宝林曾经讲了一个醉鬼的相声，而昨天在北京就上演了这一幕。"我们看到，在节目中，《京华时报》的记者仿佛在以单口相声的形式生动地传达事发时的信息。这篇报道避开了缺少现场的劣势，努力寻找新闻的第二落点，扬长避短，在"怎么说"上做足文章。

再外围的是知情者、参与者和研究者，即长期关注事件、对事件前因后果有深入了解的人士。

最外围的是与事件毫无关系的人士。

在这个同心圆的结构中，当事人—目击者—知情者—相关人等的重要性和地位是由内而外递减的。因此，记者对中心人物的选择也是从内到外依次进行的。

（1）中心人物具有典型性

中心人物能够折射出一个群体的形象。他既有这个群体共通的情感，同时又能观照这个群体共同的特点。

（2）中心人物具有个性

中心人物不是符号，不是抽象的个体，也不是千人一面、毫无特点的人物，而是承载着普遍情感但又具有独特故事和个性的人物。

（3）中心人物的命运感

中心人物具有个性化的、曲折的经历，有的栏目称之为"传奇"的经历。这样的经历使人物离观众忽远又忽近，从艺术上来说即"熟悉"的陌生化。远，意味着人物的故事、经历中新鲜的东西使观众产生好奇，却又不至于太过熟悉而产生乏味感。近，意味着人物本身折射出与观众相通的情感——美、丑、善、恶、坚持、忍耐和奉献等观众可以产生共鸣的联系。

中心人物是能在镜头前讲述故事、表达情感的人。由于电视媒介的视听形象性因素，节目的中心人物是通过语言、表情和手势等形象因素来传达信息的。在选择中心人物的时候，记者要考虑其表达能力。表达能力强的中心人物会在记者的采访中自然、生动地讲述自己的故事，传达信息，从而使节目生动、富有感染力。

3. 对于中心人物的选择

总的说来，电视节目中的中心人物在于记者的发现、判断和选取，这就要求记者花费大量的时间去筛选和判断。但是，新闻是与时间赛跑的，通常的情况下，我们该有大量的时间去占有资料、筛选人物。因此，对中心人物的选择常常表现得捉襟见肘。其实，在这个问题的具体处理上，我们既要坚持在事件与生活中寻找和发现，同时也应该打开思路，借势而为。

我们在前文中着重谈到了事件当事人、亲历者、见证者等作为中心人物的作用。除此之外，我们不要忘记，在某些情况下，记者本身就是一个很好的讲述故事的中心人物，记者的调查与寻访可以为观众带出事件背后的信息，记者的出镜报道可以为观众讲述事件的来龙去脉。美国哥伦比亚广播公司的《60 分钟》、中央广播电视总台的《新闻调查》等调查性节目无不以记者作为节目中揭开事件真相的中心人物。认识到记者能够成为节目的中心人物，可以增强我们对事件采访与报道的主动性。比如，在有些纪录片中，当纯粹、冷静的记录无法在短时间内集中表现缓慢的生活状态时，记者的实时交流与挑动就成为可能，并借着记者与对方的交流把散漫的生活状态集中呈现出来。

除记者之外，我们还可以引入第三方，如专家、研究者，甚至一些物件等，把这些人或物引入事件中，借其力推动故事的叙述。比如，《走近科学》中《牛下的蛋》这期节目，为了弄清"牛下蛋"的事实真相，作者请到了中国农业大学教授孟庆祥参与其中，通过孟庆祥研究团队的考察过程，为观众层层揭开牛下蛋的谜团。美国国家地理杂志频道、探索频道的节目也经常借专家、研究者之力，通过记者与专家、研究者的合作，使节目讲述得更为专业、细节更为丰富。

在《新闻会客厅》之《伊朗救援归来》这期节目中，主持人对从伊朗参加救援归来的中国国际支援队领队徐德诗、队长马庆军做了专访。在专访现场演播室中，还有两个特殊的嘉宾：一只叫贝利的搜救犬以及驯犬队长艾广涛。在中央广播电视总台的演播室，这只搜救犬为节目增添了许多趣味。主持人白岩松在节目开始的提问，"这一次，它的临门一脚踢得怎么样？"在节目结尾的互动环节中，观众提出了许多针对贝利的问题。正是这只搜救犬让本来不是特别有故事性的话题变得生动而富有人情味。

而《新闻调查》之《杨柳坪七日》中那只象征着希望的小猫、《俺爹俺娘》中焦波的那台照相机等，都是托物言志的典型。

第五节 电视新闻的叙事理念

一、电视媒介中"人"的凸显

纵观近二十年来中国电视新闻的发展，我们看到，与当今时代"以人为本"的理念发展同步，媒体中"人"的因素也得到凸显。在很长一段时间内，中国新闻学界有一场关于新闻是"事学"还是"人学"的讨论，学者们观点不一。其实这个问题很好回答：新闻是"人事之学"，人与事不可分离。当前，"以人为本""人文精神""人文关怀"越来越成为当代媒体的价值核心，主要表现在以下三个方面：

（一）电视媒介功能的转变

与其他媒体一样，电视一开始的最主要功能就是向人们传递信息。20世纪90年代之前，电视媒介上全是"新闻联播体"的新闻，在新闻中只见集体不见个人，只见英雄不见普通人。

随着社会的发展，人的主体意识觉醒，电视媒介的其他功能逐步得到强化。特别是在互联网出现以后，观众接触信息的主渠道和方式发生了变化。电视不但失去了原来的权威，而且为了赢得市场份额，逐渐放下架子，花样不断翻新，以赢得观众的喜欢。

现在，人们的生活节奏越来越快，生活压力越来越大。在这种状态下，人们打开电视要的就是轻松娱乐，并在娱乐中补充一些必要的信息。所以，随着时代的要求，电视的功能开始由信息传播向娱乐大众转变。

（二）电视新闻栏目设置的趋势

除了时代的要求，电视媒体也在觉醒。中国电视界普遍认同的电视的三次革命，说的就是电视的改革。第一次以央视的《东方时空》为发端；第二次以湖南的《幸运3721》以及《快乐大本营》为标志；第三次则肇始于江苏，以《南京零距离》为代表。这三次革命完成了从精英到明星再到平民的回归。早在第一次革命的时候，电视新闻界就已经喊出了自己的口号："讲述老百姓自己的故事。"直到现在，这个口号仍然不过时。

从电视新闻栏目的设置上，我们可以看到这样三个趋势：

第一个趋势是人物专栏节目逐渐增多、栏目逐渐成熟。从中央广播电视总台新闻改革之初的《东方时空》的子栏目《东方之子》到《实话实说》《艺术人生》《面对面》《高端访问》《新闻会客厅》《人物》等，各种人物访谈和人物传记节目在形式、人文故事、人性探求等方面都作出了有益的探索并逐渐成熟。

第二个趋势是新闻栏目、纪录片以人性探求、以"人"为基点的报道与创作得到极大扩展，中央广播电视总台的《新闻调查》栏目、江西卫视的《传奇》、"5·12"汶川大地震直播报道，以及中央广播电视总台纪录片《再说长江》《香港十年》《澳门十年》等，电视新闻报道各个领域、各种体裁的节目都折射出"人"在其中凸显的趋势。

第三个趋势是电视媒体逐渐开始以普通人为主角，以普通人的情感为核心，感动着普通人的感动。有人说："我们要把人放大、人要有名字、有故事。"这里的"人"即是普普通通的"人"。

（三）电视新闻叙事方式的变化

伴随着电视新闻的三次革命，中国电视的叙事方式也发生了本质的变化。

1. 政论文时代

从 1978 年《新闻联播》开播以来，电视新闻就以政论文为主。这个时代的电视就是报纸的"广播加画面"版。

2. 说明文时代

在电视新闻的发展中，电视越来越意识到自己作为一种声画双通道传播媒介的优势。在这样的背景下，出现了一种唯美的电视新闻片，它们画面优美、解说优美，还配以优美的音乐。因为解说词用来说明画面的所有内容，我们称之为说明文。虽然画面没有叙事，但这个时代仍然有所进步：解说词一改原来僵硬死板的播音腔，采用了一种平实亲切、朋友式的交谈语气，试图通过人称的变化和语气词的使用来获得与观众的交流感。

3. 记叙文时代

记叙文就是以叙述为主要表达方式，以人物的经历和事物发展变化为主要内容的一种文体，简而言之，就是叙述故事。20 世纪 90 年代以后，在《东方时空》的带领下，电视新闻逐渐开始"讲述老百姓自己的故事"，把居高临下的灌输宣传方式改为平等交流的传播方式，由此进入了"讲故事"的时代。电视新闻开始关注普通老百姓的生活，开始有了情节化的叙事、情感化的表现，通过画面构建细节情境，展示事件的可体验感。21 世纪以来，以《发现之旅》为先导，以《走近科学》为导火索，电视新闻开始引发社会对故事化的关注，悬念式的叙事方式更是大行其道。

二、电视新闻的核心是"人"

（一）以人为主体的报道方法

人是新闻报道的主体，美国《最佳普利策新闻奖作品》一书的引言便着重谈到了人作为新闻报道的核心因素："新闻之所以重要，主要有一个原因，那就是：人。它写人，影响人。而且通常只有当它对人有影响时，最无生气的题目才会显得重要。""人是新闻的理由，写新闻时每个记者都应从人的角度去探索。""记者写人越多，新闻报道对读者就越有趣、越重要，人比无生命的事实更令人感兴趣。人的题材更易于唤起读者的反应"。哥伦比亚大学教授麦尔文·曼切尔也说："对于涉及抽象的东西——思想方针、政策、发展等方面的报道，这个技巧是有用的。它的要求是：找出一个人，一个有代表性的人，他是受影响的，或者被卷入的，把这个人作为某一情况，或者这一情况的原因或后果的例子来写"。

唐代诗人李绅的《悯农》中写道："锄禾日当午，汗滴禾下土。谁知盘中餐，粒粒皆辛苦"。放在诗人面前的是一碗白米饭，而诗人却感悟出这背后的"人"的因素。记者在新闻报道中也应该充分关注一个事件、一个事物背后的人的因素，挖掘事件背后的"人"的故事，报道才会呈现出立体而丰富的一面。正如《新闻调查》主持人长江所言："再好的一个节目，没有打动人的地方也不能算好。什么东西能够打动人？不是主持人和记者，是主持人和记者的采访对象，是屏幕上被采访的那件事，是这些事的当事人他们的命运、他们过去和今天的活法、他们的人生态度、喜怒哀乐、艰辛坎坷乃至心灵的挣扎。"

（二）人本意识

电视以其直观形象的特点对于表现"人"具有独特的优势，这是从方法论上来说的。从报道观念来看，记者应该具有人本意识，以"人"为中心，具有体察普通民众感受、悲天悯人的人文情怀。中国古代儒家思想提倡"老吾老，以及人之老；幼吾幼，以及人之幼"，"己所不欲，勿施于人"，尊重生命、尊重人，以己推人，以普通人的心态、平民的情绪去体察历史和时代。《论语·乡党》记载了两千年前儒家思想家孔子的一则故事："厩焚。子退朝，曰：'伤人乎？'不问马。"是说有一天，马棚失火，孔子退朝回来，只问伤着人没有，没有问马怎么样。这是孔子仁者爱人思想的反映，是尊重人、重视人的实质体现。

中国当代著名诗人舒婷在《神女峰》中曾这样写道："与其在悬崖上展览千年，不如在爱人肩头痛哭一晚。"在悬崖上千年展览与伏在爱人肩上痛哭的酣畅淋漓形成了强烈对比。诗人从普通人的情感出发，对伫立在长江边的神女峰提出了一种全新的道德审视，对受传统道德束缚而泯灭人类情感的文化观念进行了批判性的思考，这是对人类普遍情感的重视。

电视报道中对"人"的重视是随着中国社会的发展而逐渐显现的。过去的社会观念强调集体，忽视个性；突出"大我"，忽视"小我"。许多俗语也抑制个性的闪现，如"人怕出名猪怕壮""木秀于林，风必摧之"。随着社会的开放、民主的发展，从过去单纯对政治、集体等方面的重视逐渐转换到对个人的重视，电视报道也开始强调人性化、个性化的因素。《面对面》栏目语中说："我们关注时代、关注时代发展中的人"，过去中国电视媒体的报道大多为"见事不见人""见物不见人""见集体不见个人"。比如，在对灾难性事件的报道中，过去强调灾难性事件发生时各地政府部门如何采取措施救助，而忽视对灾难造成的影响、人员伤亡情况进行报道。随着近年来社会的发展，电视节目逐渐开始以"人"为中心结构进行报道，在电视新闻报道中如此，在纪录片中更是如此。中央广播电视总台《新闻调查》之《一只猫的非常死亡》这期节目，从最初对虐猫事件的调查，最后落脚到对虐猫当事人的人性关怀，这一落脚点使节目平衡、理性，充满了对"人"的重视。应当说，从"人本意识"来看，记者应该具有对时代、社会发展的前瞻性思考，顺应时代潮流，在新闻报道中体现出开放、包容的心态和人类终极关怀意识。

（三）人性的探求

伟大的故事往往来自伟大的创意，几乎所有伟大的故事创意中都有一种人性的展示。人性具有永恒性，几千年来，人性是一个相对恒定的因素。描写人性构成了文学作品的重要因素。高尔基说：文学是人学。同样，让电视新闻报道生动的元素也是报道事件中所牵扯出的复杂的人性，人性中的善、恶、美、丑成为报道中不变的核心。原中央广播电视总台《新闻会客厅》制片人包军昊认为，人性与故事性构成了《新闻会客厅》的两个核心因素："所谓人性与故事性，是指无论是高官，或者平民百姓，栏目都从人性的角度出发，挖掘他背后的东西。叫'勤会高官贵人，常见布衣百姓'。"

《寻找小王丽的家》中继母、父亲在镜头前的人性刻画，《收棉时节访棉区》

中欲盖弥彰的狡黠的员工，《罚要依法》中蛮横无理的交警，《透视渗灌工程》中作假的地方官员等，这些电视新闻报道正因为真实地呈现了人性中复杂的一面才让人记忆深刻。

人性同样也是复杂而深刻的，不是非黑即白、界限分明的简单集合体，而往往处于一种深刻的矛盾与冲突中。正如英国当代诗人西格夫里·萨松在其诗作《于我，过去，现在，未来》中的不朽名句"In me the tiger sniffs the rose"，其中文含义是"我心里有猛虎在细嗅蔷薇"。它表现出人性里两种相对的本质，更表现出这两种相对本质的调和。《一只猫的非常死亡》中内心压抑的善良女工和内心复杂的电视台记者，《与神话较量的人》中刘姝威的矛盾与挣扎，《人物》中从北大学子到街头屠夫的奇人陆步轩的强烈命运反差等，无不表现出这个真实世界的多样性。过去的新闻报道往往把人展现得很简单、千人一面，尤其是典型人物、宣传人物，这些缺乏深刻人性本质刻画的人物也就缺失了真实感和亲近感，报道因而缺乏说服力。一个优秀的人物也会有小缺点，但这些缺点并不妨碍他人性的光辉，恰恰是这些小缺点让他成为一个有血有肉的人，成为一个有个性、有趣味的人。因此，报道如果没有深入，没有从人的角度去体察事件，就会因缺乏个性而成为简单的概念。

主持人杨澜经常列举她在节目访谈中采访崔琦的案例，以此展现人性故事在电视报道中的重要性。杨澜1998年在美国采访了诺贝尔物理学奖获得者、美籍华人崔琦。崔琦出生在河南农村，10岁前从没读过书，就在家里放羊、养猪。10岁的时候，他的姐姐找到一个在教会学校读书的机会，就想让弟弟到香港去读书。他的父శ对独子要远行并不大愿意，因为男孩大了可以帮忙干农活儿，但他母亲却非常坚定地要送儿子去读书。这一走成了他与父母的永别，父母在后来的灾祸中都死了。"我主要问他为什么从来不回老家河南，他就谈到10岁左右的时候，他的母亲——一个不识字的农村妇女给他做了两个馍，给他做了两双鞋子送他到外面念书。当时他不愿意去，他的母亲就说你放心去，等到明年夏天收麦子的时候就回来了。但是没有想到这一去就没有再见到爸爸妈妈。后来我问他，如果当初你妈妈没有把你送出来，今天的你会是什么样的。他的回答非常出乎我的意料，但是，我觉得也很打动观众。他说："我不是这么想的，如果我没有出来的话，我的父母也许不会死。"这是非常具有传统人道的力量，这种世界上最亲情的表露，要比采访为了诺贝尔奖怎么样付出辛苦有意义得多。所以这一集得到的反响非常好。"

三、记者的人文素养

新闻记者是以及时、有效、客观、公正的态度为大众传播信息的职业角色。在当前"新闻专业主义"呼声强劲的时候，我们同时呼吁记者人文素养的提升。

（一）设身处地，推己及人

在新闻现场，设身处地、以心换心是接近新闻真实最好的方法，也是以"人"为核心的新闻理念最本质的体现。

2006年，网络上评出了一个"中国最美女记者"。2006年7月10日下午，河南电视台都市频道接到线索，称在黄河花园口景区内，一名游玩的小女孩儿落入黄河。记者曹爱文与同事立即赶到现场。18：00左右，孩子被救了上来，当地村民将孩子倒提起来，以排出孩子体内的污水。但是，无济于事，孩子依然一动不动。出身医生家庭的曹爱文不顾小女孩儿淌着白沫的嘴角，俯身做起了人工呼吸。8分钟后，小女孩儿仍未醒来，给孩子做着心肺复苏术的曹爱文急得直掉泪。当120救护车赶来时，小女孩儿还是没有能睁开眼睛。而这时候，曹爱文又接到了另一个新闻线索，不得不赶赴下一个采访目的地。《东方今报》的一名有心的记者把曹爱文的一举一动拍了下来，发到了网上。照片一经上网，立刻引来众多网友跟帖，很多网友称她为当今"中国最美女记者"。

新闻记者客观、公正的态度并不是要记者站在局外人的角度去看新闻事件，也不是要记者完全理性地传播新闻事实。电视是一种富有感染力的媒介，新闻的感染力会通过记者的情绪感染观众。比如，这场救人的场面，出现了记者挺身而出的画面，又有记者焦急落泪的表情，自然会感染很多人。这时候，如果记者的理性在画面上只表现为无动于衷，那么电视观众看起来也就会无动于衷了。

"5·12汶川地震"李小萌的《路遇灾民》也是一个典型的案例。

（一根扁担，两个用油漆桶改装的行囊，再加上一个拉链都已经拉不上的背包，这可能已经是这位68岁的老大爷所有的家当。当记者李小萌在路上遇到他时，老大爷正走在与下撤村民们相反的道路上。）

（李小萌走山路的呼吸声。）"您去哪儿啊？回家吗？"

大爷："回家。"

李小萌："您家在哪儿啊？"

大爷："沙坝子。"

李小萌："远吗？"

（大爷好似没听懂。）李小萌解释："远不远？走的时间长不长？"

大爷："不远。"

李小萌："您回去干吗？"

大爷："想回去看一下。"

李小萌："您家房子塌了没？"

大爷："房子塌平了。"

李小萌："那您回去想找什么呢？"

大爷："我回去看一下。"

李小萌："您把这个放下吧，沉不沉啊？我跟你稍微聊两句。"

大爷："这个手续都办好了，回去看了再来。"

李小萌："这是什么啊？绵阳市抗震救灾指挥部救助证。有这个证有什么用呢？"

大爷："吃饭、走路、领东西，都要这个。回去看一下，把麦子、菜籽什么的收了，我还要回去绵阳。"

旁边一位过路的大姐翻译说："他说他以后还要生存，他说山里的菜籽他要收回来，这样以后给政府少增加一点儿负担。"

李小萌:"您今年多大年纪了？"

大爷:"68了。"

李小萌:"您家人都还好吧？"

大爷:"嗯。"

李小萌:"您现在回去找找腊肉粮食，然后再回去？就你一个人，这些东西能拿得动吗？"

大爷:"还有一些吃的。"

李小萌:"我能看看吗？"

（塑料袋里有一些饼干。）

李小萌:"您现在需要什么帮忙吗？你需要什么吗？"

（大爷听不太懂，李小萌很着急地问摄像该怎么说。）"怎么说呢，他听不太懂。""怎么帮你呢？还有什么困难？"

大爷:"现在主要就是吃的。"

李小萌:"您没戴着口罩啊？"

大爷:"有。"（从口袋里拿出来。）

李小萌:"那你戴着吧。下面人都戴着口罩呢。还是戴上好。"

大爷:"怕人多感染。"

（这时候从山上走下一些村民，和大爷一个村的。李小萌上去询问。）

李小萌:"下一步怎么打算？"

村民:"我孩子死了，母亲也死了，被埋在医院里了。"

李小萌:"您爱人呢？"

村民:"死了，四口人剩我一个了。"

李小萌:"您全部家当就这些了？"

村民:"就这些。"

李小萌:"两块腊肉，几瓶酒，全部的东西了？"

村民:"别的掏不出来了。"

李小萌："这个大叔想回去，你们劝劝他别回去了吧，一个人。"

村民："一直有余震，一直都在塌石头。"

李小萌："是啊，路上危险，生命要紧。"

村民："他们死了的人就不说了，我们活着的人，要珍惜自己的生命。"

李小萌："大叔，您听听劝，别回去了，路上也不安全。"

（村民继续劝大爷，不要回去，危险。）

（李小萌）"搭个伴儿，还可以一块儿走。"

大爷："我还是回去。"

李小萌："还是回去。那您快走吧，别耽误了。多保重啊！"

（李小萌跟大爷走过来，帮他扶起了扁担。）

李小萌："慢点啊，小心点儿。"

大爷走了四五步，扭头对李小萌说："让你们操心了。"

李小萌："没有。您小心点，口罩戴上。"

（看着大爷远去的背影，李小萌再也抑制不住自己的情绪，在镜头前掩面痛哭。）

在李小萌哭的那一刹那，很多观众都忍不住流下自己的眼泪。简短的对话，没有华丽的修饰，但是我们从这个采访中看到了大爷的执着以及对家的那份挂念，即使是下撤的同乡一直在告诫他回去很危险，也未能打消他回家的念头。拗不过大爷的坚持，记者只能帮他。当大爷用他瘦弱的肩膀扛着扁担依然执着地离去，并突然想起了什么似的向记者说了句"让你们操心了"，记者再也抑制不住自己激动的心情，在镜头前掩面痛哭。

李小萌的情绪爆发是所有在场人共同的反应。在救灾现场，人们看到了太多的生离死别，也经历了不少的余震危险，但是，几天过后，写在灾民脸上的却是无比的坚定和坚强，是对生命的珍惜和未来生活的希望。他们的坚强触动了李小萌的内心，也通过李小萌传递给全国的观众。如果以之前的处理方式，他们会把最后一段哭声剪掉，那么在大爷远去的时候结束，不管配上音乐还是加上字幕，都不会有现在的这种真切效果。

（二）关注新闻事件里的"人"

在新闻中体现以"人"为核心的理念，除了设身处地、以心换心地考虑观众的需求和感受之外，还应该时刻不忘关注新闻事件里的人物。

在新闻事件中，吸引人的不是哪里发生了什么事，而是事件中透露出的人间冷暖；在灾难报道中，触动人的不是数字，不是经济损失，而是灾难对人的影响。

第二章 媒体融合的理论分析

本章主要内容为媒体融合的理论分析，主要包括媒体融合中的产业融合、媒体融合中的产业共生、媒体融合中的合作及演化博弈。

第一节 媒体融合中的产业融合

产业融合是伴随着技术变革而出现的一种新经济现象，其思想肇始于罗森伯格（Rosenberg），20世纪70年代后开始受到广泛关注。1978年，尼葛洛庞帝开产业融合学术研究之先河，通过3个圆圈对计算机、广播业和印刷业之间的融合进行了模型化表述，认为增长最快、创新最多的地方是那些处于交叉的位置。之后，在相当长的一段时间内，关于产业融合的研究只是零星出现。直到20世纪90年代中后期，美国新电信法案的通过引致的信息通信领域里跨媒体、跨产业、跨地域的企业并购大量出现，由此产业融合领域的研究迎来高潮。当前学术界虽未对"产业融合"的概念形成一致结论，但综合现有学者的研究，依然可以勾勒出产业融合的内涵、类型、动力和意义。这些是电视新闻全媒体融合的理论根基。

一、产业融合的内涵、类型和动力

产业为什么要融合？融合的类型有哪些？融合的动力是什么？这些是当下媒体融合需要回答的问题。电视新闻媒体与广播媒体的融合是近几年来业界如火如荼的探索实践，而它的理论基础之一正是产业融合理论。分析产业融合的内涵、类型和动力，有助于解释媒体融合的一些机理。根据前人研究的理论成果，我们把产业融合内涵、类型和动力归纳如下：

（一）产业融合的内涵

技术视角：罗森伯格在对美国机器工具产业演化研究中发现同一技术向不同产业扩散的现象，并把该现象定义为"技术融合"。

产品视角：是指以产品为基础的融合，或者是采用数字技术后原本各自独立的产品的整合，这种融合可以分为替代性融合和互补性融合。

企业视角：企业作为产业融合的主体，在产业融合中，两个或多个以前各自独立的产业，当它们的企业成为直接竞争者时，即发生了融合。

市场视角：融合是消除市场准入障碍和产业界限后，各分离市场的汇合与合并，融合型产业出现萌芽状态后，这种融合是否成功乃至能否持续下去需要经过市场的检验。

（二）产业融合的类型

技术视角：产业融合可分为技术替代融合和技术整合融合（或互补融合）。

产品视角：产业融合可分为替代型融合和互补型融合。

市场角度：产业融合可分为来自需求方的功能融合和来自供给方的机构融合。

制度视角：产业融合可分为微观层次的标准融合和宏观层次的制度融合。

产业视角：产业融合可分为渗透融合、延伸融合和重组融合。

（三）产业融合的动力

技术创新：技术创新在不同产业之间的扩散，使不同产业形成了共同技术基础，并使它们之间的边界逐步趋于模糊，最终导致产业融合现象的发生，因此，技术创新是产业融合现象产生的内在驱动力。

管制放松：政府管制的放松是产业融合的动力。不同产业之间往往存在着进入壁垒，而各国政府经济性管制是形成不同产业进入壁垒的主要原因。因此，管制放松导致其他相关产业避免加入本产业竞争中，从而逐渐走向产业融合。

二、新闻传媒产业融合的三种形式

伴随着技术的不断进步，产业融合的发展趋势正愈演愈烈，其中尤以信息产业和传媒产业领域最为活跃。传媒产业具有典型的产业融合特征，纸媒、广电和信息技术产业的原有厂商正在不断向对方领域渗透。本书所探讨的电视新闻媒体融合发展这一课题，正是涉及了产业融合的问题。依据胡汉辉等（2003）的观点，结合电视新闻全媒体融合的发展过程，可以将新闻传媒产业融合的形式划分为产业渗透、产业交叉和产业重组三种，如图2-1-1所示。

（一）产业渗透

由于以互联网技术为代表的高新技术具有较强的渗透性，传统产业与之结合能够产生较大的经济叠加效益，可无摩擦地渗透到以电视新闻媒体为代表的传统媒体产业之中，并会极大地提高信息传播的效率。例如，互联网与传统视频服务的结合形成的互联网视频服务业。因此，在全媒体时代，随着数字化、三网融合技术的进步，政府产业政策、社会价值观念受到影响，传媒产业的媒介形态、传播特点也因高技术产业的渗透正在经历嬗变。

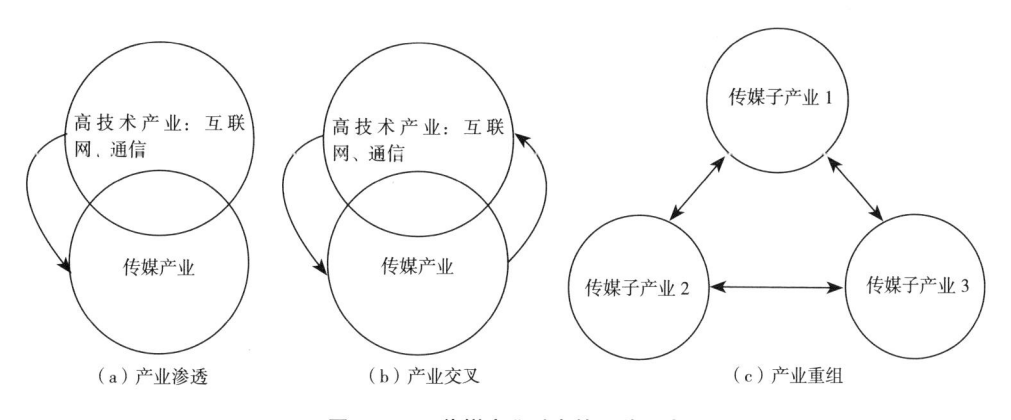

图2-1-1 传媒产业融合的三种形式

（二）产业交叉

产业交叉是指产业间并非单向渗透，而是在功能上存在一定的交叉和互补，从而通过彼此间的功能互补实现产业间的融合。融合之后，原有产业仍然存在，但是，产业边界会很模糊甚至会消失。例如，随着三网融合进程的不断加快，广电运营商开始发展互联网业务，电信运营商开始发展 IPTV 等服务业务，两者在业务方面具有很大的重叠区域。因此，在全媒体时代，随着国家政策管制放松，产业交叉渗透的可能性正在加大。这使得传统媒体所面临的竞争环境、竞争对象逐渐发生了变化。

（三）产业重组

产业重组是指传媒产业内各子产业（如广电产业、报业等）相互之间进行重组融合。进行产业重组是优化产业结构、实现规模经营的有效举措之一。例如，上海文广集团、美国媒介综合集团就代表着传媒产业内部不同子产业之间的重组融合。

第二节 媒体融合中的产业共生

产业共生是模仿自然生态系统而提出的概念。经济学视角下的产业共生在抽象意义上表现为共生单元之间在一定共生环境中，按某种共生模式形成的关系。电视新闻的全媒体融合不仅涉及多种媒体手段和形态的融合，更涉及媒体组织间的融合。融合的最基本的目的就是更好地生存，面对全球化媒体融合的大背景，要提升新闻媒体的竞争力。不同媒体组织间的融合形成了新的共生环境和共生模式，并在这种新的共生环境下，按照新的共生模式形成组织间新闻采集、生产、传播的协同合作关系。由此，电视新闻全媒体融合中的产业共生也是一个产业生态系统，各媒体间因同类新闻资源的共享或新闻资源统一安排采集，再按各平台的不同特色和需求差异化制作和传播，形成新闻资源差异化互补利用的共生体。这种共生体提升了新闻传媒界新闻资源配置的效率，既带来了不同新闻媒体组织效益的增加，又推动了新闻媒体产业的发展。

一、全媒体融合中的产业共生内涵

共生理论（symbiosis theory）源于希腊语，由德国生物学家安东·狄·百瑞于 1879 年提出。他认为"共生"在内涵上与"合作"一致，是指相互性活体营养性联系，是一起生活的生物体在某种程度的永久性物质联系。事实上，共生从来都不是一个专属生物学的名词。早在 200 多年前，经济学家就已经试图从生物学中探知经济学规律。20 世纪中叶以来，共生理论和方法开始在社会科学领域得到运用。西方的一些社会科学家提出了一种"共生方法"的理论来设计社会生产体系，强调社会生产体系中各种因素的作用与关系。"共生理论"认为，共生是自然界、人类社会的普遍现象；共生的本质是协商与合作，协同是自然与人类社会发展的基本动力之一；共生关系通常可划分为寄生共生、互惠共生和偏利共生三类，顾名思义，寄生共生只对寄生者有利，互惠共生则能形成一种共赢的局面，而偏利共生则对一方有利而对另一方无害。其中，互惠共生是自然与人类社会共生现象的必然趋势。

产业共生的内涵有狭义和广义之分，同样适用于本书所研究的电视新闻全媒体融合之产业共生，这里将其进行归纳如下：

1. 广义

内涵一：是指在分工不断细化的前提下，同类产业的不同价值模块和不同类产业，但具有彼此经济联系的业务模块所出现的融合、互动、协调的发展状态。该内涵强调共生关系形成之前的个体差异，属于差异性产业共生。

内涵二：是指同类产业或其相似的产业业务模块因某种机制所构成的融合、互动、协调的发展状态，如同类企业在相似业务模块间形成的合作或战略联盟。该内涵把同质个体作为共生关系产生的前提，可视为同质性共生。

2. 狭义

只要发生了产业共生，只要形成了产业共生体，共生单元在继承和保留原有性质与状态的同时，差异性就会出现，并表现出显著的融合、互动、协调的关系。

从电视新闻全媒体融合视角看，电视新闻全媒体融合的共生单元是多层次的，包括新闻媒体层次、产业层次及区域和国家层次；而不同共生单元之间的组合，还可以划分出不同的共生关系。比如，目前的电视台与广播电台的两台合并，本书研究的未来广电报的产权融合，广电报与新兴媒体的合作联盟模式等，都存在不同的共生关系。基于新闻媒体产业组织的视角，可将"共生"理解为新闻媒体产业内组织之间存在某种制约关系，该种关系受到新闻媒体产业大环境、区域经济、政策环境等的影响。新闻媒体共生系统由三大要素构成：新闻媒体的共生单元、共生环境和共生模式。其中，共生单元是指共生系统关于物质、能力和信息等内容的交换单元；共生环境是指除共生单元以外的其他影响因素的总和；共生模式是指共生系统内各共生单元共生时所采用的模式。"产业共生"和"耦合"是共生思想中两个重要的概念。产业共生主要是指产业链上不同单元的副产品之间展开的合作。而耦合是指两个或两个以上的体系或运营模式之间相互作用、相互影响的现象。

产业共生也是一种和谐共生的关系，如图 2-1-2 所示。

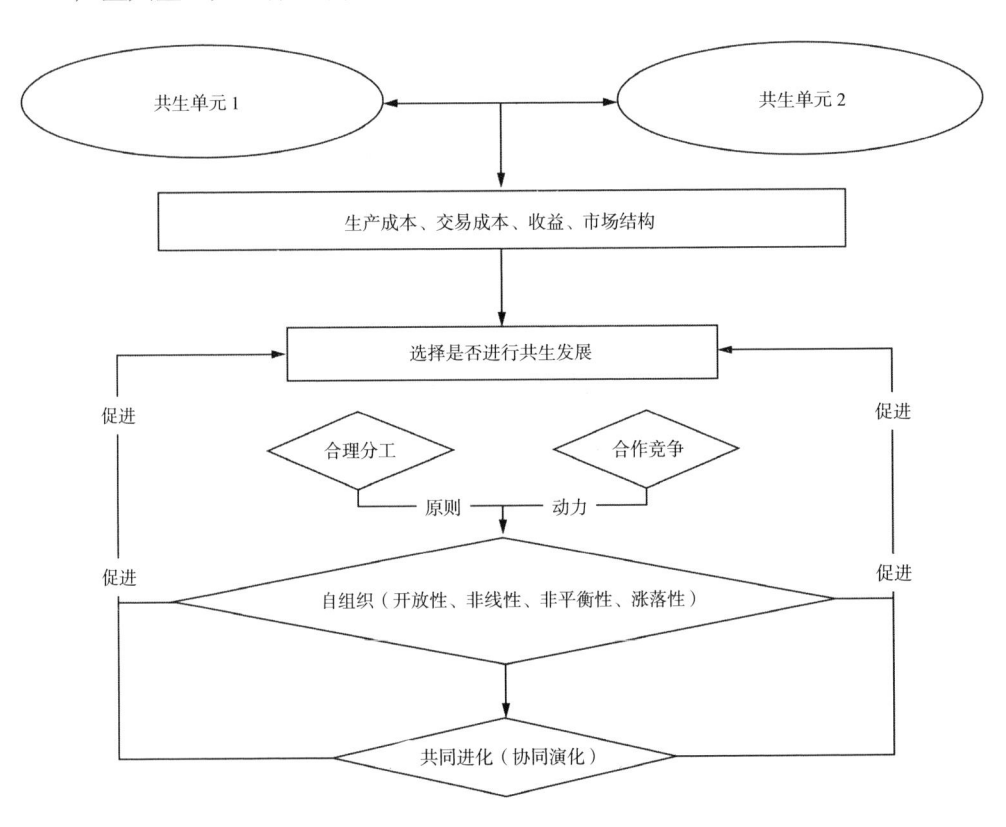

图 2-1-2 共生内涵之间的内在本质联系

注：自组织是一个随着时间变动，从无组织到有组织的动态演化过程，具有开放性、非线性、非平衡性和涨落性等特点。该过程是自发形成的，没有受到来自内部的权威控制和外力的干预。并且，伴随着系统的动态演化，系统的有序度会提高，空间或功能上的自组织结构逐渐形成。

在电视新闻全媒体融合中，产业共生单元同样会依据各自的新闻生产成本、新闻采集和生产过程中的交易成本、收益及市场结构选择是否进行共生发展。电视新闻全媒体融合是大势所趋，只有融合才能共生发展。而在共生发展中，双方依据合理分工（媒体融合后的共生体统一安排新闻采集）和合作竞争（共同分享新闻素材，按各平台特色和需求制作新闻）的原则开展活动。合理分工是双方共生发展的原则，合作竞争是双方共生发展的动力，在这两者的相互作用下，共生系统将形成一种新的组织系统并最终实现共同进化，系统的协同演化又会进一步促进共生单元之间的共生发展。因此，可以认为，产业共生也是一种和谐共生关系。

二、全媒体融合中的产业共生特征

经济学视角下的产业共生具有形成共生的群落性、融合性、资源使用的循环性、上下游产业的关联性和生产成果的增殖性等特征。电视新闻全媒体融合同样是社会经济系统中的产业融合，同样具有经济系统中产业共生的基本特性，又有其各自的特色。这些特征表现在以下几个方面：

（一）共生群落的新闻资源优化配置效应

我国的电视新闻的全媒体融合最为典型的是"两台合并"，这是一种所有权的融合。国外早在20世纪90年代起就有了广电报的所有权融合模式，从适度规模经济和媒体融合的大趋势看，广电报媒体融合也是我国新闻传媒业未来的发展方向。此外，在所有权融合的基础上，广电报媒体必须与新兴媒体融合（合作联盟）。媒体融合后形成了新的"生产群落"，按照融合新闻的生产模式进行新闻资料的统一采集、资源共享，按各平台的特色和需求加工生产和传播，从而极大限度地降低了新闻采集和利用的成本，达到资源的优化配置。在这条新闻生产的产业链上，同样的新闻可以从不同视角、不同层面得以客观诠释。比如，现场影像和图文并茂的新闻资料采集、客观报道，网络的快餐报道，专家或当事人做客演播厅的深层次报道等。"群落"的共生单元（广播、电视、报纸、新兴媒体等）各自获得规模经济和外部经济。

（二）全媒体融合下的共生融合新业态

产业共生的一个重要特性就是其融合性，它以形成新的产业业态为根本标志，关注产业创新及其价值增值过程中的业务链接关系。在实现方式上，以技术互补、产品供需、业务模块的组合来促进这种共生视角下的融合。电视新闻的全媒体融合，从其融合新闻运作过程看，已形成了共生融合的新业态，即新闻素材统一采集，按各平台需求共享和制作不同特色的新闻并传播。这是单个新闻单元前所未有的新的业态，是一种创新。而各新闻业务单元之间创造价值增值的过程也有一定的制衡规则。在产业共生的框架下，媒体融合是各媒体单元共生的前提，没有这种全媒体的融合也就不可能产生共生。由融合之后的共生而定义的融合，是与新业态下远大于未融合时单个新闻单位的新闻价值创造和实现的属性相联系的。因此，共生意义上的全媒体融合是以价值共创为基本前提的。

（三）产业共生的新闻资源使用的循环性

在经济体系中，产业共生系统的资源使用循环性特征是：把传统的由"资源—产品—废物"构成的物质单向流动生产过程，重构成"资源产品—再生资源—再生产品"的反馈式流程和"低开采、高利用、低排放"的循环经济模式，将经济系统和谐地纳入自然生态系统的物质循环过程中。在这个产业发展模式中，每一个生产过程产生的废弃物都可能变成下一个生产过程的原料。电视新闻全媒体融合后的产业共生同样会产生新闻资源使用的循环性，典型的案例是日本的NHK电视台。NHK在媒体融合中充分利用技术进步助推新闻信息资源整合和循环利用。他们建立了音像资料中心，构建了信息资源库，经常会利用信息资源库的原始素材进行加工和策划，然后通过手机电视、网站及针对特殊人群（如残障人士）的广播电视，实现信息的分发和重组。这种做法正是产业共生所产生的循环结构的新闻业务流程，使新闻信息的价值得到重复开发、利用和充分传播，使新闻信息传播的深度增加，使角度呈现多元化。

（四）基于产业共生的新闻产品的增殖性

在生态经济中，产业共生体的目标是在减少污染、节约资源、保护环境的基础上互利与共赢，取得增殖效应。它摒弃了传统产业发展把经济与环境分离，使两者产生冲突的弊端，真正使发展经济与环境保护有机地结合起来。这种共生系统所产生的实质环境和经济效率是其得到推崇的根本原因，在电视新闻媒体融合后产生的产业共同体中，一条新闻可以在一个时间段里，以不同的方式、从不同的角度、以不同的深度广泛传递着。这就是时下的电视新闻媒体融合的最基本环境。诚然，在当下"摸着石头过河"的电视新闻全媒体融合过程中，"正能量"的增殖效应依然处于主流地位，本书在后面有不少这样的例子。

三、全媒体融合中产业共生的优势

电视新闻全媒体融合后具有了产业共生的特质，在新闻媒体单元之间建立了新闻产品生产者（媒体人）—传播者（新闻媒体机构、平台、公众）—消费者（公众）这样一个特殊的生态产业链，同时，也产生了一个前所未有的、更大空间的合作网络。这种全方位的网络合作必将产生新闻的生态效应。

（一）产业共生促进新闻传媒业的协同发展

经济领域的实践表明，产业共生将产生协同进化效应。随着电视新闻全媒体融合下产业共生的新模式的组建和运行，新闻媒体各单元间开始形成了新闻产品的采集、生产、传播的协同运作新格局。新闻传媒产业链上的这种新的运作模式，将充分调动产业群落各新闻媒体单元的行为，使之更有效、更合理地处理共生单元和系统的共存关系，尽可能以最佳的方式协同演进。这种共生过程不仅是电视新闻媒体特定时空条件下的必然进化过程，也是现阶段电视新闻全媒体融合共同演进、共同发展、共同适应的共生本质。共生为媒体融合后的各共生单元提供了理想的进化路径，这种进化路径不同于以往各媒体单元独立的进化，而是在融合之后的各业务单元之间的相互激励中合作进化。在进化过程中，不仅可能产生新的媒体单元形态，而且还可能会产生新的共生形态，形成新的共生结构。

（二）产业共生促进对于新闻资源的充分共享和合理利用

如同经济系统中产业共生单元之间的关系，媒体融合后生成的各共生单元可以实现新闻资源的充分共享和合理利用。例如，英国的 BBC 电视机构成立了由记者、摄像和制作人等 3000 余名工作人员组成的多媒体编辑部，所有经采集的新闻素材会统一汇集到该编辑部的内容库，供各渠道加工、使用。当然，媒体融合后所形成的新的媒体产业不仅包括了丰富的、多种形态的各共生单元，也囊括着新闻媒体的消费者——社会公众。不仅各媒体单元可以共享和利用新闻资源，社会公众作为一个特殊的共生单元同样可以充分享有新闻媒体的资源。在新闻资源对社会公众共享方面，BBC 走在了前面，他们引入了集传统编辑、互联网功能于一体的开放式系统——Journalism Portal（新闻门户）。该系统中设置了各种论坛，体现了新闻视角下的社交媒体功能。这也正是电视新闻全媒体融合后产业共生的又一优势，新闻资源可以在共生群落内外得以合理配置和流动，并有效运用。

（三）产业共生促进新闻媒体单元形成"排劣性"竞争

与经济系统的产业共生具有很强的相似性，电视新闻全媒体融合后形成的产业共生反映了媒体系统内各媒介单元之间的一种相互依存关系。以往的新闻单元之间的竞争往往是具有一种"排他性"，而融合之后基于新闻资源共享下的媒体单元的竞争则具有一种"排劣性"。这里所说的"排劣性"并不是特指排除以往同一新闻不同媒体的同质报道，乃至形成的恶性竞争，而是指媒体融合之后分工协作、优势互补，以及新闻生产和报道的最佳排列组合。融合之前的各新闻媒体单元各自为战，对同一新闻都各自期望全方位的完整报道，并排斥异己，但往往事与愿违。电视新闻全媒体融合后，新的产业共生体的共同规则更为公平、公正、合理。在此框架下，同一新闻的报道协调分工，以不同方式，从不同视角和不同层面，全面、完整地进行系统报道，且透明规范。如果某一环节出现异议，就意味着这则报道不完美或者不完整，而"规则"则会起到制衡作用。比如，美国媒介综合集团就设立了对新闻采访、报道和记者日常行为的相关规定和受众调查机制。任何受众都可通过集团中心的联系电话、电子邮箱和网站专页的"公众之声"，对新闻节目提出质疑、问题和建议，会得到一对一的回答和解释。这正是一种"排劣性"的具体体现，旨在形成公平、公正和合理的共生文化。

第三节 媒体融合中的合作及演化博弈

电视新闻的全媒体融合涉及多个主体，尽管这是全球化媒体融合大背景下的必然趋势，但融合必不可少会对各媒体单元原本的结构和利益产生或大或小的震荡。融合之初的各利益主体并非能真正感知融合所带来的大于各自独立时的利益，也包括融合产生的外部经济性。由此，博弈是必然存在的。从其他国家媒体融合的实践看，这种博弈主要是合作博弈。随着媒体融合的不断深化，尤其是与不断进化的新兴媒体的融合发展，与时俱进的新的媒体环境总会在不同阶段出现演化，而这也将引起新的博弈，即演化博弈。博弈理论为解释理性个体之间的交互行为提供了非常有效的理论框架。其内在含义是，在特定条件和特定规则下，理性个体（包括个人或组织）同时或先后、单次或重复，从各自可行的策略中作出抉择并实施。博弈理论已被广泛应用于生物、经济、信息、政治等学科领域，将会很好地诠释媒体融合中博弈的丰富内涵和内在规律。

一、全媒体融合中的合作博弈

在博弈理论研究中，与非合作博弈相比，关于合作博弈的研究较少，但这并不意味着两者地位的有轻重之分。合作博弈理论侧重于强调参与主体的理性，其以各行动主体之间存在可以实现交流的介质（如协议、承诺或威胁）为前提条件，讨论各行动主体间的合作博弈结果及其获得的效用。在电视新闻全媒体融合中，无论是本书研究的所有权融合或是与新兴媒体的合作联盟融合模式,其参与融合的主体(媒体组织的承担者)都是具有理性的,所有参与融合的新闻媒介机构都极为关注融合后获得的效用。

合作博弈理论中有一些重要的概念。例如,联盟、分配及核心(不被其他任意分配优超的主体组成的集合)的概念、稳定集的概念等。事实上,在电视新闻全媒体融合过程中,这些概念始终存在。理论上讲,合作博弈亦为正和博弈。合作博弈采取的是一种合作或妥协的策略,是指如果参与主体间的交流介质,如协议、承诺或威胁,对参与主体的行为具有完全的约束力且可以强制执行,使得博弈参与主体的收益具有帕累托改进性质。能够产生合作剩余是合作博弈的典型特征,这种剩余是从合作或妥协的关系里面引出的,并且涉及各个参与主体之间的分配问题。博弈各方的力量对比和技巧运用对资源或利益分配比例起着制约作用,各方通过讨价还价达成最终的协议。综上分析,在电视新闻全媒体融合中合作博弈的条件和形式如下:

(一)电视新闻全媒体融合的合作条件

依据合作博弈理论,归纳起来可概括为两点:第一,媒体融合后各媒体单元的整体收益应大于各自单独经营时的收益之和;第二,各参与方在融合后所形成的新的媒体机构内部应存在具有帕累托改进性质的、强约束力且可强制执行的分配规则。从国外已有的成功经验及国内现实已实施两台合并的融合情况来看,电视新闻全媒体融合已经获得了或多或少的成效,即这种融合行为存在可转移支付(收益)。正是因为存在这种可转移支付,使得融合成员之间的资源重配、收益分配成为可能,并可促使融合机构存在、巩固和发展。

(二)电视新闻全媒体融合的合作形式

按照合作之后(全媒体融合)的收益变动情况,合作博弈有本质性和非本质性之分。设 N 为电视新闻全媒体融合参与者的集合,S 是 N 中的一个子集($S \subseteq N$),$v(S)$ 是定义在子集上的函数。如果存在 $v(S) \geq \sum v(i)(i \in S)$(即全媒体融合后收益不一定增加），则称该合作博弈是非本质的；如果 $v(S) > \sum v(i)$ $(i \in S)$（即全媒体融合后收益有所增加），存在有净增收益的融合，则此合作博弈是本质的。

二、全媒体融合中的演化博弈

在博弈理论中，关于静态博弈、动态博弈和重复博弈，尽管在过去几十年内其理论体系逐渐完善，相关应用逐渐增多，但其假设条件和概念都或多或少地存在一些瑕疵。传统博弈论是以完全理性为建构基础的，但对于现实媒体融合活动中的参与者而言，该条件往往很难得到满足。当全媒体融合环境和决策问题趋于复杂时，媒体融合参与者的理性局限性表现得尤为突出。由于经典理论存在诸多缺陷，基于有限理性的演化博弈理论便被提了出来。它是在吸收生物学的进化论思想的基础上，把动态演化的思想融入传统理论框架中而形成的一种新的理论。在方法论中，演化博弈理论重点关注的是动态的均衡，这与博弈论有所区别。演化博弈认为，群体中的个体间的相互作用会受制于外部环境和博弈局面的变化。这就导致博弈过程表现出动态变化的特征，并且博弈局面与参与人行为相互影响。归纳起来，演化博弈具有如下一些特点：其一，它关注群体的动态演化过程，考察了博弈过程中的外部环境和博弈局势的变化；其二，群体的演化规则并不是单一的，既有选择也有突变，体现了随机性和规律性的统一；其三，群体的演化过程具有一定的惯性，即遵循固有的规律进行演进，但是，惯性之中也潜伏着突变的动力。从现有媒体融合发展情况看，电视新闻全媒体融合中的演化博弈同样具有这些特点。

在演化博弈理论的发展方面，20世纪70年代的学者在研究生态现象时，提出了演化稳定策略的概念。这一概念的提出是一个开创性的贡献，使得人们开始脱离传统博弈论完全理性假设的桎梏。自此以后，演化博弈论受到越来越多学者的关注。进入20世纪80年代，演化博弈论理论得到了极大的发展，其理论框架逐渐完善，并开始出现在经济领域的相关研究中。在社会制度变迁、产业演化等相关问题的研究中，能够频繁见到演化博弈的应用。经过大批学者的努力，演化博弈开始摆脱对称博弈的桎梏，开始在非对称演化博弈方面有所发展。到了20世纪90年代，演化博弈的理论框架已经比较成熟，应用范围逐渐得到拓宽，逐渐深入社会经济活动的各领域。电视新闻的全媒体融合正是经济活动的一个独特领域，随着媒体融合的不断发展，所有参与融合的机构仍会继续发生相应的演化博弈行为。

演化博弈认为，其在特定种群中进行，该种群的成员之间以某种方式相互联系。电视新闻全媒体融合后，新的组织结构正是以新闻的采集、生产和传播为主旨活动的特定群体，该群体中的各媒体单元以协同工作、优势互补、排劣竞争的方式相互联系。这种新的组织群体内呈现一种良性的竞争机制，每个媒体单元乃至每个媒体人都以一种排劣性的方式竞争，这事实上也是一种博弈，这种博弈可称为全局耦合。同时，这种博弈在全媒体融合形成的特定群体中具有重复博弈性质，所有参与的单元或成员均为有限理性，在重复博弈过程中不断地学习去提升其综合能力，可称为优胜者的策略，这种状态称为随机耦合。与经典博弈论中的收益相对应，演化博弈论中源自生物进化领域的适应度（fitness）也是极为重要的一个概念。它表示博弈中选择的策略对外部博弈环境或局面的适应程度，策略的适应度越高，策略越有可能被保留下来；相反，适应度低的策略则会逐渐被淘汰。在全媒体融合后形成的博弈系统的演化中，最终会形成一个稳定的策略，从而使整个博弈系统趋于均衡，即电视新闻全媒体融合发展达到一种良好状态，这种策略被称为演化稳定策略。

第三章 国内外电视新闻媒体融合发展比较及启示

本章为国内外电视新闻媒体融合发展比较及启示，主要内容为国内外电视新闻媒体融合发展经验、国内外电视新闻媒体融合发展比较，以期为我国电视新闻媒体融合发展提供经验借鉴。

第一节 国内外电视新闻媒体融合发展经验

传媒领域因技术的日新月异，而不断产生演变。从20世纪80年代开始，"媒介融合"的有关概念就已经在美国萌芽。

现如今，"媒介融合"掀起热烈思潮，综观世界，越来越多的国家开始针对此方面展开理论探索与实践研究。

想要对我国电视新闻媒体融合发展之路进行全面探索，我们首先要做的就是审视各国媒体融合的经验，继而总结经验、吸取教训，从而立足本国情境实际，对电视新闻媒体融合发展中的重难点以及亟待解决的问题进行捕捉。

在此，本书将比较、分析英国广播公司（BBC）、美国媒介综合集团、美国有线电视新闻网（CNN）、法国France 24电视台（France 24）、日本放送协会（NHK）的媒体融合经验，从而总结出值得借鉴的启示与经验，助推我国电视新闻媒体的融合发展。

一、英国广播公司

我们都知道，世界上第一个电视台是在英国诞生的。英国有着世界上最大的公共电视机构，其媒体发展态势可谓"百花齐放"。当然，其中最引人注目的还要数"BBC"。

1922年，BBC正式成立。尽管其看似是在政府之外"独立"的传媒企业，然而，从本质来看，它仍然属于宣传机构，被政府所掌控。在媒介融合方面，BBC的尝试不可不谓大胆。1994年，英国政府就已经在《关于BBC未来的白皮书》中，对开拓数字地面电视业务有关内容进行了建议。

2006年，BBC提出了"马提尼媒体"计划，这一计划可谓"雄心勃勃"，其目的在于，让受众依托网络设备，在任何地点、任何时间都能对BBC内容进行接收。

与此同时，BBC提出"360度"这一概念，意思是，无论在节目制作还是内容策划，都要对各个平台（如网站、电视、广播等）的需求进行考虑。

BBC一路发展到如今，在融合转型方面取得了颇为突出的成绩，因而也引来同业对其纷纷仿效。

（一）平台化思维重组"新闻舰队"

到如今，BBC旗下的核心业务归属于8个中心，BBC拥有2万名员工，单新闻中心就有8000名工作人员。同时期，CNN的全球雇员总数也不过4000人而已。因此，BBC的新闻队伍可以说是十分庞大的。但是，在"人多力量大"的同时，BBC也需要解决一大难题，那就是怎样对这支人数众多的队伍进行统筹管理。

2007年，基于上述"马提尼媒体"和"360度"理念，BBC在自己的电视中心大楼设立"多媒体编辑部"，其多媒体编辑部集聚旗下网站、广播、电视等业务部门的采编人员，总人数超过2000人，其目的是使用相同的办公地点，使所有采编人员更好地共享新闻团队内部资源。

2012年，多媒体编辑部迎来了集体搬迁，同时，又一次扩张了规模，吸纳了BBC国际台的1700多名工作人员。在此有一点需要特别强调，那就是多媒体编辑部共有超过3000名员工，其中大部分都是制作人、摄像、记者，因此，采集得到的新闻素材将全部向内容库汇总，提供给各渠道，以供各渠道加工和使用。

（二）技术升级和管理创新助推融合转型

开放式的数字媒体系统是多媒体编辑中心得以高效运行的强大支撑。BBC自2008年起就斥巨资（1.3亿英镑）启动数字媒体工程。数字媒体工程的主要目的是让BBC的工作人员能够借助在线编辑的方式，创建内容、编辑内容、发布内容和共享内容。

从节目系统角度而言，BBC的工作人员能够通过BBC节目编辑制作系统向数据库快速提交新闻素材，同时利用调研数据库的素材展开加工编辑，最终将新节目制作出来。

在新闻系统方面，BBC引入开放式编辑系统"新闻门户网站"（Journalism Portal），新部门既具有传统编辑功能，又兼具互联网功能。举例而言，这一系统拥有社交媒体功能，其中有着各种论坛。

从管理制度角度来看，BBC采用"编辑负责制"，从新闻内容属性出发，将新闻队伍划分为市政新闻部、新闻采集部、英格兰地方新闻部、英国新闻部、全球新闻部5个部门。同时，BBC利用"编辑负责制"对权力进行分散。相较于传统的垂直式层级管理，这一举动的优势是十分明显的，既实现了编辑效率的提升，又能够确保内容丰富多样、质量出众。

（三）走在前端的新兴媒体互动应用

传统的新闻传播模式因新兴媒体的出现而被颠覆。BBC也注意到这一新变化，并选择对新兴媒体积极敞开怀抱，推出了BBC iPlayer、BBC Online、BBC Red Button，以对新兴媒体业务进行拓展。同时，通过对UGC（用户原创内容）入口的开辟，引导并鼓励用户参与内容制作。

BBC将名为"Have Your Say"的入口嵌入新闻网首页导航栏中，用户能够借此对媒体内容进行自制。除此之外，2007年年末，BBC发布了一款多屏运用工具"iPlayer"。通过这款软件，凡是已经首播一周的BBC节目，都能被用户下载；

之后，用户能够通过各种终端（如手机、个人电脑、电视机、收音机等）对其进行观看、聆听。

iPlayer 业务一经面世便取得了显而易见的成效，其上线的前 3 个月就有高达 110 万的周平均下载量。

2014 年初，BBC 推出了 iWonder 数字内容品牌，从而实现了个人计算机、平板电脑、智能手机的"三屏运行"。这一数字内容品牌对多个主题进行聚合，包括原创文字、图片、音频、视频等内容。

除此之外，BBC 对社交媒体的接入也是非常重视的。举例而言，2013 年，BBC 与 Instagram（照片墙）合作，推出一项名为"Instafax"的功能，从而实现新闻视频分享。BBC 还与 Twitter（推特）合作，以便在一些重大事件的新闻直播中能够实现消息的及时更新。

二、美国媒介综合集团

在美国联邦通讯委员会的授权下，1974 年，美国媒介综合集团组建而成（包括 WFLA 电视台、《坦帕时代报》和《坦帕论坛报》）位于坦帕市，这是佛罗里达半岛西岸的一个海港城市。

《坦帕时代报》在 1982 年被合并入《坦帕论坛报》。而《坦帕论坛报》又在 1994 年将网站"Tampa Bay Online"设计出来。到此时，媒介综合集团的业务范围进一步扩大，并向台、网、报覆盖。

尽管从名义上看，这三家媒体同属于媒介综合集团，但是却有着独立的运作机制、自成体系的工作人员以及独立的办公区域。

2000 年，面对媒体融合时代激烈的竞争与挑战，美国媒介综合集团作出决断，整合旗下三家媒体的内部资源，并投入 4000 万美元，将坦帕新闻中心建立起来。在这座大厦中，旗下三家媒体集中办公。

（一）资源平台整合实现资源共享

媒介综合集团旗下的三家媒体（网站、报业、电视），自 2000 年开始，就在"坦帕新闻中心"大厦集中办公。尽管这三家媒体有着不同的运作机制，但是，媒介综合集团决定，他们各自的利益要退让于集团利益，因而对其进行统一管理、整体运作。

1. 整体运作，统一管理

观察坦帕新闻中心的传媒大厦，我们能够看到，虽然不同媒体处于大厦的不同楼层，但是新闻中心却将各媒体的采编工作人员重组为全新团队，集中于多媒体新闻编辑室内办公。一张圆形的"超级办公桌"被安放在办公室中央，有着齐全的机器设备供员工共同使用。

尽管网站、报刊、电视编辑记者聚在一起工作，但是，这三家在媒体也有着自己对新闻进行独立选择的决策机制。当然，那些具有"交汇点"的新闻除外，"新闻协调官"们会对此进行协商，最终决定谁先发布该新闻或由谁发布该新闻。在这里，他们可以对现场记者发回的新闻素材进行选择，将其加工、制作为适合自己平台的新闻产品。

各平台有着不同的新闻选择标准。通常来说，面对一起重量级事件，首发报道往往由电视新闻媒体负责，而报刊则负责将更多相关事件的背景资料源源不断地提供给受众。通过制定规则，新闻中心对合作方之间的利益关系进行协调。因此，这种集体办公处于规则制衡之下，而记者们可以彼此交流、沟通、互动，一起策划新闻、采写新闻、制作新闻，还能实现彼此思想、创意的共享，继而在整体上达成默契。他们加工、制作出的新闻产品也能通过一定的语言与视觉元素，于多种媒体间相互推广发布。举例而言，在电视新闻栏目中，主持人也会对网站的新闻、报刊新闻进行播报，而报刊也会在版面中放置网站的标志或电视台的标志。

集中办公、共享资源有着强大优势，一方面，其防止各媒体间重复投入媒介资源，实现了新闻产品生产成本的降低，使新闻资源效应最大化，切实为各类新闻媒体的优势互补注入动力，发挥最大化传播效果；另一方面，新闻团队成员间也形成了一种默契——协同工作，将跨媒体集团化运作的极大优势体现了出来。

而在日常工作的统一管理方面，媒介综合集团也进行了科学安排。

2. 突发事件和重大新闻统一管理

突发新闻指挥台被设在坦帕新闻中心的大楼内，旨在统一管理突发新闻和重大新闻事实，同时也有专人负责指挥，能够将重大新闻或突发新闻第一时间向大楼内的三家旗下媒体传递，同时依照"集团利益第一"原则，对新闻的统一采访进行安排、协调，并在突发新闻系统报道时，全权决定应当由谁对这一新闻进行首发。

通常来说，在重大新闻融合报道中，新闻的首发往往是由电视新闻媒体负责的，摄影师、报刊记者、电视台记者都可能是新闻的提供者。在重大新闻的大规模媒体融合报道中，当团队被指派后，会积极准备，从而确保能够顺利完成多方位报道和多媒体展示。

除此之外，对于记者的日常行为、新闻报道与采访，新闻中心还特别提出了5条规定：要公平、精确地进行报道；一旦查出错要及时、迅速予以纠正；将话语权给予弱势群体，对报道的全面性、差异性予以注意；引导人们对隐私权予以注意与同情；扮演好"社区守望者"角色，并为之负责，其中包括对自己负责。

在此，我们举一个典型案例——对美国阳光大桥这一世界上最长的斜拉桥的崩塌事件进行的调查与报告。从最开始，突发新闻指挥台就立足整体视角，对新闻报道进行把控，精心安排三家媒体的合作，科学地布置报道时间、处理报道流程。当天，无论是报刊的阅读率还是电视台的收视率都实现了极大的提升。

3. 设置专门的编辑部门，统一安排多媒体的采集和报道工作

在日常工作统一管理的格局下，集团的编辑部门行使自身职权，为多种媒体的采集、报道下发任务，同时对新闻记者提出要求，要其在对新闻进行采集时使用多媒体手段，从而方便这三家媒体共同分享融合新闻亮点。

电视台的摄影师需要同时携带摄像机、照相机，报业记者也要随身携带小型数字视频摄像机。

举例而言，当要报道一个剪彩仪式时，新闻中心会指派最适合报道的媒体记

者，赶往现场，对新闻素材进行采集，同时对网站需求、电视需求、报刊需求予加以考虑。对于电视来说，需要的也许是一段25秒的录像；对于报刊来说，需要的也许是一张现场照片；对于网站来说，需要的也许是一则即时的、带图像的信息。

在很多情况下，记者需要单独执行采访任务。但是，就算是这样，记者也需要将不同新闻资源提供给不同媒体平台，以满足它们的不同需求。在新闻中心，这已然"见怪不怪"而成了一种惯例。

依托上述合作手段，新闻中心能够实现新闻采集成本的降低，实现传播效率的提升，最终实现自身利益的最大化。因此，工作在坦帕新闻中心的记者通常都"一专多能""身兼数职"，懂得多种技能。举例而言，电视台记者要懂得如何将文字信息提供给网站与报刊媒体，报业记者可以兼任摄像、摄影工作。在为自己平台工作的同时，这些记者也为其他两个平台提供新闻报道，因而人们又称他们为"三栖"记者。

（二）以专栏为基点的媒体融合

报刊常常采用"专栏"这种信息传播形式。具体而言，"专栏"就是在特定板块、特定时间，围绕某个议题开辟专区，同时对特定人群、专家进行邀请，使之解读、讨论这些特定议题。

从很早开始，"专栏"这种形式就已经存在了，另辟蹊径的是基于专栏的媒体融合。

媒介综合集团旗下的三家媒体就是基于专栏完成了跨媒体的共享与合作。举例而言，一名记者在《坦帕论坛报》负责宗教报道，但是他也可能在电视频道定期进行新闻报道，同时，在当天的《坦帕论坛报》上也会刊登出相应的文字形式报道。

（三）广告的整合营销和融合的受众调查

还有两件事是坦帕新闻中心媒体融合中值得一提的。

1. 广告的整合营销

对于媒体而言，广告可谓其盈利的重要来源。自媒体融合之后，很多报刊和电视台的广告量都大不如前。但是，媒介综合集团却不一样，其与广告代理商积极合作，利用多种服务手段（如大宗优惠、套餐策划等）赢得了广告主抛来的"橄榄枝"，继而打包成套餐，发布于各地的互联网、电视、报刊上。

这样一来，代理公司也能得到折扣优惠，足不出户便能轻松地完成某一广告的多媒体整合与推广，从而达成区域集中覆盖的目标。

2. 媒体融合的受众调查

新闻采集、生产与发布形式领域因媒体融合而开启了一场新的革命，极大地提升了新闻业的影响力。当然，随之而来的还有义务和责任的增加。

新闻中心将受众调查机制建立起来，以确保新闻中心对记者的日常行为、新闻报道、新闻采访的五条规定"落地生根"，得到切实执行。新闻中心向受众公布了自己的电子邮箱和联系电话，每周都令各业务板块接受受众调查，一对一解释、回答受众来电与邮件。举例而言，每周报刊都会选择部分受众建议与意见，在特定专栏刊登回复；网站则在专门网页公众之声上，将所有的回复呈现出来。

除此之外，三家媒体也会严格用新闻中心的五条规定要求自己，对错误行为及时、快速纠正，自觉接受受众监督。

三、美国有线电视新闻网

全美第二大新闻频道是美国有线电视新闻网——CNN。1980年6月1日，CNN正式开办。24小时新闻直播就是由CNN首创的，其对全球各地的新闻事件以最快速度展开现场采访和同步报道。那些轰动世界的新闻事件往往与CNN有密切联系。举例而言，1986年，美国"挑战者"号航天飞机失事，当时唯一在现场进行实况报道的电视网就是CNN；1991年1月，海湾战争爆发，全世界唯一的消息源就是CNN。到如今，210多个国家和地区都有CNN的记者站，有10亿左右的人能够对CNN播放的实况报道进行观看。

在多起重大事件中，CNN 都能及时、迅速地进行独家报道，也因此而名声大振，人们将其誉为"全球最先进的新闻组织"。

置身新兴媒体蓬勃发展的潮头浪尖，CNN 成为时代领潮人，在电视领域率先融合新兴媒体。CNN 的媒体融合是非常具有代表性的，主要经过如下三个阶段：与互联网融合、媒体间合并、与新兴媒体融合。

（一）与互联网融合

在进行充分实验和准备之后，CNN 于 1995 年启动了 CNN.com，这也是全世界首个新闻网站。从一定意义上看，对于 CNN 来说，CNN.com 实际是其进行媒体融合的试验场和平台。之后，在数字化服务领域，CNN 的开辟可谓"一发而不可收"。

不难看出，CNN 的 24 小时新闻报道模式与互联网有着一致的步调，因此，在连接互联网时，其有着先天优势。CNN.com 有着更为多元化的产品内容形式，不仅涵盖传统媒体形式（如音频广播、视频），也涉及新兴媒体形式（如播客）。毫不夸张地说，CNN.com 是为全球新闻媒体融合搭建的试验场，其开辟了全球新闻媒体网站的先河。

现如今，CNN 有着越来越强大的影响力。在新兴媒体业务上的积极开拓，为 CNN 带来了更加广阔的发展空间。

（二）媒体间合并

CNN 在 1996 年将特纳广播公司（即其母公司）合并于时代华纳公司。严格来说，是特纳广播公司被时代华纳兼并了。在当时，无论是在全球优势出版方面还是在娱乐资源方面，时代华纳都占据了优势地位。

在合并前，特纳广播公司通过对多家电视台进行购买，将在全世界极富影响力的特纳电视网（TNT）和 CNN 整合组建起来。因为 TNT 的成功运作，加之 CNN 的新闻向全球覆盖，该传媒巨头股票也"节节高升"。对于特纳广播公司来说，合并不仅能实现开支的大幅度节省，还能在白热化的市场竞争中让自己居于主动地位。谈判1年多后，于1996年，两家公司完成合并，依旧以"时代华纳"为公司名称。几年拓展下来，时代华纳已然跃升为世界上最大的综合传媒集团，无论在有线电视、音乐、出版还是在电影领域，都收获累累硕果，取得的成绩是十分喜人的。

CNN在合并后也拥有了更广阔的发展前景，并向新兴媒体进军，率先在电视领域中与新兴媒体合作。

（三）与新兴媒体融合

CNN无线于2005年开始与高通公司（该公司经营无线技术）合作，在高通的手机电视上测试节目内容。同时，CNN尝试将CNN Mobile频道嵌入诺基亚、三星等手机部分机型的内置中。CNN也因为这项创举，成功将手机新闻入口打开，并且收效极佳，人们称其为创新融合的"魔术墙"。

2006年8月初，CNN开辟了新的服务，使全世界人民都能向CNN提供新闻源。而全世界众多网民也受此吸引，积极主动注册为CNN的"市民记者"。

除此之外，CNN积极与社交媒体合作。举例而言，2007年6月总统大选，CNN跨平台合作，举办共和与民主两党总统参选人辩论会，并面向全球对该辩论会进行直播。人们只要对该辩论会感兴趣，只需申请新的账号，就能在网站上上传一段长达1分钟的提问视频。CNN主持人会在辩论会上挑选30多个网民上传的提问视频，并播放在直播现场的大屏幕上。候选人需要立即回答这些提问。这种新媒体与传统媒体融合的方式，显而易见能够点燃公众热情，使他们积极参与政治议程。

四、法国France24电视台

2006年，法国成立了France24电视台，其节目特点主要是每天24小时不间断播出，同时兼顾3种语言，分别为阿拉伯语、法语和英语。France24电视台的影响力十分广泛，遍及美洲大陆、中东、欧洲。

France24在媒体融合方面也敢于创新、锐意进取、愿为人先，对不同科学技术进行了积极尝试，将传统电视新闻媒体发展的桎梏逐步摆脱，其经验有很多值得借鉴之处。

France24 十分青睐新兴媒体技术。2011 年，其甚至专门开设了一档节目，介绍新兴媒体技术。当前，France24 可以依托互联网、卫星、有线技术，对新闻节目进行播放。除此之外，受众可以依托移动终端，对 France24 的网页进行访问。同时，France24 电视台的节目传送是免费的、非加密的，因此世界各国能够凭借数字装置和卫星，对不同语种的节目进行接收。

同时，有一点也不容忽视，法国政府现已对法国国际广播电台、蒙特卡洛中东电台和 France24 进行合并，成立了法国国际媒体集团（FMM），从而对世界范围内法国媒体的影响力和话语权进行扩大和提升。

（一）与网络和新兴媒体的融合

France24 在成立伊始就已经对互联网进行选择。France24.com 就是其专属网站，现在几乎完全融合于互联网。受众在该平台上能够点播众多的视听节目，如评论节目、深度报道、文化专栏、电视新闻节目等。同时，France24.com 与全媒体时代精神深度契合，十分强调用户交互性。举例而言，用户可以评论网站上的内容。该平台专门开辟了"观察家"这一版块，方便用户对日常生活中看到的、听到的、感受到的点滴进行分享。通过博客，France24 的常驻电视栏目记者能够与受众交流沟通，展开互动；该平台还提供了"我的France24"服务，用户可以通过注册，免费使用个性化定制服务进行使用，如提醒业务、新闻邮件业务等。

交互性被广泛地嵌入 France24.com 中，依托于此，France24.com 渐渐演变为大社区，用户忠诚度不断提升。同时，受众参与内容生产的习惯也因此得到培养，其内容生产素养也不断提升。最终，该平台真正让电视台成为受众对意见、观点进行表达的载体。

置身全媒体时代，在互联网上，新兴媒体发展得十分蓬勃。在新闻传播领域，其渐渐成为一股强大力量，不容忽视。France24 也将关注目光投向新兴媒体，与多家新兴媒体（Twitter、Facebook、YouTube）建立合作关系，旨在更好对内容进行传播。同时，其设立了 France24 社区，方便受众对其发布的信息和动态进行即时浏览，还能让受众在社区内交流互动，对新朋友进行结交。

（二）新闻的多屏传播

在实施跨平台战略方面，France24 表现得十分积极。2009 年 3 月，其推出了 France24Live 程序，这一程序能够运行于智能手机。仅仅 1 年零 4 个月后，France24Live 程序就有超过百万次的下载量，且 80% 的下载量都来自法国境外。

除此之外，人们可以利用移动终端（如平板电脑、手机等）观看大部分 France24 的节目。举例而言，在苹果手机应用商店上，France24 免费应用程序涉及 3 个版本，分别为阿拉伯语版本、法语版本和英语版本。到 2011 年 1 月，该应用程序已有超 15 万的下载量，可视页面高达 300 万。

五、日本放送协会

综观日本电视新闻媒体融合发展，走在前列的当属 NHK 电视台。1925 年，NHK 开播，在日本，它是唯一的公共电视机构。NHK 自创立之日起，就对广播业务进行经营。在日本政府的扶持下，NHK 于 20 世纪 70 年代发展了电视业务。

多年来，NHK 不断锐意进取、开拓创新，对技术支撑进行强化，如今已然成为全球知名的一流媒体。

NHK 旗下共有 3 个广播电台频道和 5 个电视频道。

（一）技术进步助推信息资源整合

NHK 对媒体技术的发展非常重视。20 世纪 30 年代初期，NHK 成立了广播协会科学技术研究所，重点研发广播技术。到如今，NHK 在发展过程中，运用了其研发出的多项专利成果。

置身全媒体时代，信息传播出现了崭新特点——交互性和个性化，因此，需要大量的、全面的信息资源，以及相应的渠道和终端，以便更好地传播和分发信息。而这些都离不开技术方面的保障。

因此，NHK一边着手对NHK音像资料中心进行构建，从而让信息资源库得到更大程度的扩充，一边借助网站、手机电视以及针对特殊人群（如残障人士）的广播电视，分发信息、重组信息。无论是重组还是分发的信息，其原素材都源于NHK音像资料中心。人们基于此加工、策划资料，所以每次重组后，都会提供全新的信息服务。

除此之外，整合信息资源之后，NHK还依托流程变革，多级发布信息。NHK变革了业务流程，将原本的直线型业务流程变化为循环型业务流程，实现了信息利用效率的提升。这里所说的"直线型"结构，指的是采集得到的信息，在被发布后就失去了所有价值；而"循环型"结构，指的是被发布的信息依旧能够借助其他渠道被再次发布，其价值并未被消耗殆尽，而能够得到重复开发、循环利用。"循环型"业务流程能够更为充分地传播信息，为信息传播角度的多元化和深度化提供了保障。

（二）与互联网融合

NHK媒介在融合进程中，以"开设自有网站"为关键环节。同时，NHK对互联网进行充分利用，在传统业务和网络业务之间实现某种平衡。尽管媒体网站特色鲜明，能够强有力地吸引受众，但是也不会过大地冲击传统媒介形式。具体而言，NHK采用了如下具体做法：

1. 功能定位

"传统广播电视的导航器"是其对网站功能的定位。为吸引受众注意力，NHK直播了部分广播电视节目，还对节目预告进行了发布，对用户加以引导，使之转向NHK传统的广播电视，进行深度收看、收听。除此之外，NHK也对旗下各媒体已发布的信息资源进行整合，让网站成为大型数据库，便于用户从中对自己所需信息进行搜索，让用户更加认可网站、依赖网站。

2. 用户交互

NHK在节目制作方面，一方面，增加演唱会等将用户作为主角的节目；另一方面，也增加由用户自己创作的节目，如利用平台发布的视频、音频、图片、文字信息等。如此，既提升了用户参与度，实现用户与媒体之间粘合度的提高，也将无限的可能性赋予媒体的节目生产。

3. 信息工具的运用

NHK 对新的技术手段进行运用，对节目形态进行构建，如简易信息聚合（RSS）节目单，能够让网民对自己喜爱的电视节目信息进行在线自主订购。2005年，其开发出的网站地图能够将清晰、全面的收视信息提供给用户，在形态融合下，使台网实现内容互通。

NHK 将 2006 年至 2008 年称为"用户自有服务"的网络时代，广播电视节目非常丰富，网民在选择时也有更大的自由度。除此之外，NHK 还通过与受众互动的网络功能制作深度节目。例如，其制作的网络专题片《地球法庭》就是深层探讨型节目。

4. 信息公开

无论是 NHK 的事业运作还是节目播出，都对电视观众的要求进行了行之有效的、积极的反映。NHK 率先实施信息公开制度，依托互联网对每年经营委员会会议议程记录和预算、决算报告及业务报告书进行公开。那些对 NHK 非常关心的人就能借此对其情况有所了解。如此，在日本现阶段竞争日益激烈的媒体行业中，NHK 就能占据较为有利的地位。

5. 内容的二次利用

例如，儿童在学校教室中看到教育节目，能够通过计算机对自己喜欢的课题进行选择，并从 NHK 数据库中，对视频剪辑节目（1～2 分钟）进行选择观看。NHK 期望利用这一形式达成二次利用广播内容的能力。该形式可被用于教养节目或教育节目。例如，那些能让受众对外语进行学习的节目，假如能得到反复多次收视将是大有裨益的。今后，NHK 将把随时任选的视频点播技术（VOD）节目业务进一步提供给用户。

NHK 在与网络融合的过程中，尽最大努力利用多级信息资源，将个性化服务提供给受众。因此，在信息传播形式上，NHK 旗下的各类传播渠道并非一模一样、千篇一律的,而是有着一定的差异化。举例而言,在节目形式、内容方面,NHK World 的英文版与中文版差别就很大。

(三)与新兴媒体融合

在全媒体时代,NHK 积极推动与新兴媒体的融合,在融合形式上紧跟时代潮流。NHK 的做法是通过手机电视、IPTV 和 NHK 文档馆大力拓展新兴媒体业务。

第二节 国内外电视新闻媒体融合发展比较

从国内外电视新闻媒体融合的现状可以看出,国内外电视新闻媒体的融合既有共性,又呈现出一定的差异性。其媒体融合的相同点可归纳为,资源整合形成规模和独特优势,与新兴媒体融合提升竞争力。而它们之间也有很大的不同点,主要体现在各自独具特色的融合新闻尝试,即融合发展的路径差异化。

一、国内外电视新闻媒体融合的相同点

各国电视新闻媒体融合都是依托于母公司强大的纵向产业链而进行横向资源整合,新闻的强大提升了集团的竞争优势。同时,积极、快速地抓住机会与新兴媒体合作,是他们立于不败之地的重要基础。

(一)资源整合形成规模经济

长期以来,推动资源整合是各国传媒集团战略运营的重要主题之一。上述这几大传媒集团,从组建开始就一直不断地进行资源整合。比如,CNN 所在的母公司时代华纳,它是美国电视行业产业链纵向整合最为完整的媒体集团。华纳兄弟电影、电视和动漫公司处在产业链的上游,是最具实力的内容供应商;CNN 等多个有线和无线电视新闻网处在中游的内容集成和分销环节;最后,时代华纳等处在下游的内容播出和传输环节。从上述几大媒体集团的媒体融合现状可以看出,新闻业跨媒体的横向资源整合都得益于集团规模经济的产业链。纵向资源整合形

成了规模经济，为新闻媒体的横向资源整合提供了基础，而新闻的强势更增强了媒体集团的竞争优势。

（二）与新兴媒体融合提升竞争力

从上述几家传统媒体的融合发展过程可以看出，传统媒体之所以仍能强盛发展，是因为它们都历经了抢先与新兴媒体合作的过程，并且都获得了意想不到的收获。无论是 BBC、美国媒介综合集团，还是法国 France24 电视台、日本 NHK、CNN，与新兴媒体进行融合是提升其竞争力的必要之举。例如，CNN 从 2005 年开始大举进军新媒体领域，先是与经营无线技术的高通公司合作，同时通过联合在三星、LG、诺基亚等手机内置 CNN Mobile 频道。此外，CNN 率先与网络融合，积极与 YouTube、Facebook、Twitter 等新兴媒体在特定事件上展开合作，获得了巨大成功。上海文广集团在 YouTube、Facebook 等社交平台上设立频道。

二、国内外电视新闻媒体融合的不同点

各国电视新闻媒体融合的相同点比较突出，但其不同点也很明显，主要体现在媒体融合的差异化及其引致的新闻报道的独特性。而正是这种差异化和独特性使得各国电视新闻业呈现出多足鼎立、和谐共生的格局。

（一）融合发展的路径差异化

通过对比分析英国 BBC、美国媒介综合集团、CNN、法国 France24、日本 NHK 融合发展路径可以发现：美国媒介综合集团、CNN 走的是市场化的融合发展道路，即电视新闻媒体寻求融合转型是完全出于媒体自身的意志，通过市场化的手段实现横向和纵向的整合，从而提升自身的竞争力。这与美国市场经济非常发达、各项体制机制及配套服务机构比较健全不无关系。英国 BBC 实际上是由政府控制的宣传机构，其融合发展之路虽然或多或少地显现出政府的影子，但市场机制仍然发挥了决定性的作用。而法国 France24、日本 NHK 融合发展的道路则鲜明地打上了政府的烙印。NHK 是日本国内唯一一家公共电视机构，政府直

接对其进行管控。法国 France24 则与另外两家电视台一道被法国政府进行了合并，国家的战略意图和意志彰显。由此可见，电视新闻媒体融合发展的过程与国情有很大关联。

（二）与新兴媒体融合的形式各异

媒介巨头们在与新兴媒体融合的过程中，差异化非常明显。其中，英国 BBC 处于领先地位。其一方面自行推出 BBC iPlayer 实现新闻的多屏传播；另一方面又与社交媒体进行充分合作。CNN 也不遑多让，其首创的 CNN Mobile 取得了巨大的成功。此外，与 Twitter 联合开发的突发新闻系统，也使 CNN 拥有了首先获得 Twitter 网站突发新闻信息的优先权。France24 与 Facebook Twitter 合作打造了 France24 社区，可以实现信息在线浏览并满足用户社交需求。日本 NHK 则创新性地打造了集数字图像、声音资源于一体的 NHK 文档馆。

三、国内外电视新闻媒体融合的启示

纵观美国电视新闻媒体多足鼎立、和谐共生的局面，其背后也历经了激烈的竞争或者媒体的自我救赎。这个过程首先是规模经营在适度规模的基础上快速与新兴媒体融合，然后在有了立足之地后即是在媒体融合中的大胆创新。

（一）通过媒体融合实现适度规模经营

在新兴媒体裂变式发展的时代，赋予了每个人都可以做自媒体的权利。他们随时随地都可以用最便携的方式拍录所遇的新闻信息，即时在相关新兴媒体上进行发布。传统电视新闻媒体遇到了前所未有的挑战。而快速捕捉信息并更专业、权威地报道新闻必须要有一定的规模实力，以便用最小的成本获得最大化的新闻资源。由此，规模经营成了传统媒体登上全媒体时代新闻市场大平台的"入场券"。也正是因为这一点，上述的这些老牌传统媒体纷纷进行资源整合，形成了综合性媒体集团，产生集约化的规模经济，最大化地攫取了产业链上下游的利润，为在这个产业链上的电视新闻的资源整合（产业链的资源横向整合）提供了强大的优势,成就了新闻立台的强势。

对于任何时候的任何产业,规模经济都是适度的,如果规模过大则可发生垄断危机。规模经济和垄断的弊病之间的矛盾由来已久,在产业经济学中称为"马歇尔困境"(Marshall's Dilemma)。全球最典型的案例是 CNN 与时代华纳的合并,合并后的集团成了世界上最大的综合传媒集团,CNN 得到了进一步的发展和壮大,在电视领域中率先开展了与新兴媒体的合作,成为其他传统媒体仿效的楷模。但这艘"传媒航母"实在太大,规模不经济使得这艘"航母"的业务资源、组织管理、企业文化、经营策略、人力资源等方面整合不力,出现全面巨额亏损,股价缩水,甚至假账丑闻和人事变动,不得不在 2003 年 10 月就开始剥离美国在线,宣告了美国历史上最大的公司并购案失败。因此,整合媒体究竟多大规模比较合适,应该走怎样的机制创新之路,这也是我国正在进行的传媒整合需要面对的重要课题。

(二)传统主流媒体快速与新兴媒体融合

在新兴媒体呈裂变式发展的时代,与新兴媒体合作无疑会极大提升竞争力。上述的几家知名媒体集团全部都有与全球闻名的新兴媒体合作的经历,并且已经形成了长期的合作伙伴关系,凡重大新闻报道都与这些著名的新兴媒体进行合作。事实已经证明,凡是快速与新兴媒体合作的传统媒体都获得了新闻快速传播的优势,并获得了较高收视率,这一点普遍被传媒界认同。这些成功的经验对我国新闻媒体融合很有借鉴性。

我国在媒体融合方面虽然也有和国内新兴媒体融合的尝试,但主要是娱乐节目。2015 年央视羊年春晚首次将直播权授予爱奇艺等社交媒体,尝试引进新兴媒体互动的创意,开创了与国际知名网站合作的先河。此外,中央主要新闻媒体在一些重大事件上已经开始了媒体间的互动融合,比如,从 2014 年起的全国两会报道,中央广播电视总台和《人民日报》、新华社等互动融合进行报道,被专家誉为是新闻媒体的创新,是我国媒体融合初见成效的标志。我国在新闻如何与一些知名的新兴媒体融合方面还存在非常大的空间。在这方面,国外电视新闻媒体的一些做法很值得我们参考借鉴，而我国娱乐节目成功与国内外新媒体融合的经验也可供新闻媒体融合借鉴参考，至少电视新闻媒体在与国内新兴媒体融合中，可以借鉴娱乐节目融合成功的些许做法。

第四章　当代电视新闻媒体融合发展情况分析

本章主要讲述的是当代电视新闻媒体融合发展情况分析，从以下几部分具体进行展开论述，分别为当代电视新闻媒体融合的大背景、当代电视新闻媒体与新兴媒体的融合发展、当代电视新闻媒体融合发展的环境分析、当代电视新闻全媒体融合发展的动力机制四部分内容。

第一节　当代电视新闻媒体融合的大背景

一、媒体融合的概念与特点

我们目前经常看到的"媒体融合"理念，最初是由创办美国麻省理工学院媒体实验室的尼古拉斯·尼葛洛庞帝所提出来的。媒体融合所呈现出的就是一种媒体融合理念，各种各样的媒体都在朝着功能统一化的方向发展。

一般来说，学术界认为，对于媒体融合的概念可以从狭义和广义两方面理解，其中狭义的"媒体融合"所指的就是由不同媒体形态融合所最终形成了一种新的媒体形态，达到了质变的状态，如微信、微博等都是经过这样的历程而形成的；而广义的"媒体融合"自然所容纳的范围就宽广许多了，只要是与媒体有关的物质或元素经历了"融合"过程，就都可以将其称之为"媒体融合"，这当然不可能仅仅包含功能层面的融合，传播手段、所有权和组织结构等方面的融合都是可以囊括在内的。

我们可以将"媒体融合"看作一种全新的作业模式，当然是在多元化的信息传播通道中完成的，也就是说，将传统的纸媒和电台等与新兴的互联网媒体结合在一起所形成的产物，它们在资源层面进行共享，在同一的环境空间内完成信息处理和传递，最终进行产品输出的过程，通过不同的平台让不同的受众群体有所关注，达到多元化信息传递的作用。这是一种在新时代下所孕育出的理念，是需要以一定互联网技术为依托的，是一种将传统媒体放在新兴的互联网空间中进行改头换面的过程，我们可以主要从技术和经营方式两方面来看二者之间的融合情况。

当今时代互联网技术的普及，大多数人都可以买得起计算机或手机，这就为信息的传播提供了多样化的途径。从一定程度上来说，这也为信息的传播减轻了资金上的压力。数字压缩技术可以将一本书或杂志中大量的文字或图片存储于网络传输系统中，人们不用带着厚重的书本就可以随时阅读。同时，网络还具备超强的加载能力，使得新旧媒体可以融合得更好，这也是当今传媒行业的发展趋势。当电视媒体和互联网结合在一起后，这看似是一种不同媒介形式上的融合，但经过研究发现，或许将其称为一种行业间的强强的联合更为贴切。从媒体形式上来看，横跨了光电和电信两种业务，最后形成了信息渠道的多元化形式。除此之外，我们还应该认识到更为重要的一点，就是通过媒体的融合，工作人员可以将原始媒体素材进行整合，然后进行加工，最终可以达到迅速传递信息的目的，以此将其背后的真实面貌展现在世人的面前，这也在无形中增加了新闻的广度和深度。

在当前被信息所充斥着的时代中，要想获得关注，就必须走媒体融合的新路径，而这时网络媒体的出现无疑为多媒体融合的发展打了一针强心剂。从我国的传媒行业发展现状来看，大多数媒体还停留在起步的阶段，而这些融合仍集中在十分基础的广播和电视上，这种融合往往都是单向的，也无法保证媒体融合的质量，都只是在传统媒体领域中划分出一部分电子板块而已，这只是"换汤不换药"。在长期的融合和发展过程中，电视行业尤其关注自身与网络的融合情况，甚至在20世纪90年代中期，从中央广播电视总台到市级的电视台就已经开始有创办网站的意识了。经过多年的深入研究，这种发展模式已经可以说是十分成熟了，而我国的其他媒体形式也在这种大环境和趋势之下逐渐在向网络靠近。

作为一种全新的作业模式，"媒体融合"有效地将纸媒和电视媒体等的采编工作有效衔接起来，进行资源共享和信息处理，这样在固定的空间内就可以完成众多领域的产品输出，最终在不同的网络平台上将其展示给世人，这在当今的世界媒体行业中已经掀起了一阵狂潮。而面对现在的市场需求，媒体别无选择，它们只能迎难而上，新旧媒体不断在行业内进行激烈的碰撞，展现在网络上就是一个又一个传奇故事的发生。著名的美国学者杰·尼尔森曾经在其所著的《传统媒体的终结》中就发表过这样的观点：未来的数十年间，现在所流行的媒体形式都将不复存在，会被网络媒体所取代。但是，从现在来看，这一观点是带有一定激进性的。

众多媒体的共存状态势必会引起信息传播的分流状况。举例来说，一般报纸的受众群体都集中在城市，而广播的地位就十分尴尬了，受到了来自报纸和电视的双重压迫，而电视的受众群体则主要集中在农村，以至于在城市中生活的居民都逐渐忘却了还有电视这个媒体形式了。虽说网络媒体在传播速度和内容的丰富度等方面都更胜其他媒体形式一筹，但因为其技术的发展时间还尚短，同时在新闻方面先天不足，因而还是很难在众多媒体之中"独领风骚"。从目前的媒体发展情况来看，基本呈现出传统媒体和新兴媒体并存的状态。它们之间是相互促进和发展的，可以弥补它们本身的不足，最终使多媒体的市场化运作能够有新的发展可能。

目前，在传统媒体中，电视媒体投入的资金是最大的。美国的著名学者布雷德利曾经进行过这样的一个实验：面对同一个选题，电视、广播和报纸的记者所花费的成本还是有一定差距的，基本上呈现 3.5∶1.8∶1 的状态。我们可以很明显地看出，电视采访所要花费的成本甚至是报纸的 3 倍以上，由此电视采访自然产出量也是很大的。

经过研究发现，电视采访其绝对性价比是不高的，这在一定程度上是因为在前期的投入和所具有的传播价值没有有效渠道使其得到发挥和展现。但是，如果一个企业或集团内的众多媒体形式都互相结合起来，那么就可以有效发挥出协同效应，将媒体的功能性和其价值从尽可能多的渠道发挥出来。尽管是相同的信息，也可以以完全不同的面貌出现在不同的受众群体面前，这既是扩大市场范围的一个有效途径，也在无形之中减少了资金的输出，经济效益得到了提升，品牌也就逐渐建立起来了。

由此看来，在市场化的群众需求下，要想推动媒体事业不断发展，要想让传统行业不至于被淘汰，"媒体融合"不失为一剂良药，这也自然而然就成为未来媒体的发展趋势。

二、全媒体时代传统电视新闻媒体必须面对的挑战

其实，"新媒体"可以说是相似媒体行业中出现的最早的热门词汇了，这种媒体技术是相对于传统媒体而言的，也就是将传统的媒体形式，如电信网络和电视网络等与计算机网络结合在一起的产物，因而通常也将它称为"三网融合"。值得注意的是，这种媒体技术与数字技术之间也有着十分紧密的联系，它们是相互渗透和相互影响的。

在这样的媒体变化趋势影响下，许许多多的媒体形式应运而生，如数字广播、数字电影和移动电视等，甚至我们在手机上经常使用的微信和微博等互动平台也是受时代潮流的影响而出现的，它们共同形成了一个庞大的报道体系。曾经有学者提出过这样的观点：利用新兴媒体技术所塑造出来的网络平台或空间，以及整个报道体系，可以称为"全媒体"。发展到后来，甚至已经可以将现在这个时代称为"全媒体时代"了，这是因为我们的社会，基本人人都有手机、有计算机，人们可以随时利用这种新兴的媒体技术将所拍摄的视频或记录的文字发布到网络平台上，并通过微信、微博等进行实时的信息传递，甚至较为容易受到关注的内容可以引起人们的广泛讨论以至于形成一股风潮。在全媒体时代，媒体的传播方式和技术都得到了极大的革新，在内容方面也有更加规范化、丰富化和专业化的趋势，这种信息传播的目的不仅是要将信息传递出去，更为重要的是引起人们的互动和讨论，这才是根本，这就在一定程度上为传统行业的发展带来了一定的压力。甚至于，人们在这样的环境之中长期生活，生活习惯也难免会有所变化。从

传媒行业的竞争业态中,我们也可以看出一些端倪。

(一)受众流失严重

国内的研究机构调查显示,2009年至2012年,北京地区居民每天打开电视机的概率从70%下降到了30%。随着生活压力的增大,中国人娱乐休闲的时间明显有所减少,而受到新兴媒体形式的影响,老年人逐渐成为电视受众的主力军。据知名法国电信运营商Orange的数据调查研究结果显示,与20世纪六七十年代出生的人相比,当今时代20多岁的年轻人对电视已经提不起兴趣了,他们甚至很长时间都不会打开电视机。同时,Editor和Publisher在相关方面的研究结果显示,在当今热衷于阅读网络新闻的用户中,有将近1/3的人对传统媒体的兴趣已经日渐减弱,也正是因为这样,他们对于电视的关注率也下降了1/3左右。

我国对于移动使用者的调查显示,2013年年末工信部开始发放4G牌照宣誓着互联网时代真正到来了,这尤其对于媒体行业的影响是十分巨大的。现在,有众多新兴主流媒体在不断"分食"传统媒体行业领域。同时,与年轻人兴趣结合得更为紧密的新媒体不断吸引着他们的注意,多数年轻人将以往看节目和电视剧、电影的阵地从电视转移到了手机和计算机等移动设备上。虽然传统媒体受时代潮流的影响在不断向前发展,但因为它的革新思路较为传统和老旧,要想达到改革的目的所花费的时间显然要远远多于新兴媒体,这在一定程度上导致其在媒体市场所占据的份额开始逐年减少。

其实,传统媒体在几个方面存在劣势,因而在发展过程中受到了限制。

首先,传统媒体受时间和空间的限制。对于新兴媒体来说,网络受众们大部分都既是信息的收集者也是信息的发布者和接受者,这就可以很好地规避传统媒体所具有的不足。同时,在互联网领域,"UGC"(用户生成内容)概念的提出也为后续的信息传输途径等提供了新的思路,拓展了新的方向。而对于传统的新闻媒体行业而言,就算是具备较为先进的直播设备,如新闻直通车,仍需要新闻记者赶赴现场进行报道的。虽说新闻直通车已经在一定程度上减少了新闻直播的限制,它主要使用的是SNG(卫星新闻采集)技术,也可以将其理解为小型的移动式发射站，信号可以由现场传递到新闻演播室。但是，地域空间的阻碍仍然无法被打破，信息是很难在第一时间就被人们广泛了解和知道的。

其次，传统媒体在新闻内容选择上的敏感度与新兴媒体相比还有一些不足。

最后，在用户数量上，新兴媒体显然更胜一筹，将传统媒体的许多主流用户都收入麾下。社会上用户观念的转变和技术一直在进步，他们显然对于新兴的一些主流媒体更感兴趣，新兴媒体更能吸引他们的注意力。新兴媒体的受众群体也不再是简单的信息接受者，而是一跃成为信息的传递者和缔造者。与此同时，我们关注到吸引当代年轻人的一大法宝就是新兴媒体所具有的极强的交互性，这有效打破了受众和媒体之间的壁垒，而这显然是传统媒体无法完成的。

（二）传统媒体的广告市场份额不断被蚕食

据相关行业和领域的调查研究发现，我国传统媒体行业 2014 年度的市场总额甚至还不及互联网和移动市场的增值额度，并且，这二者之间的差距还有扩张的趋势。其中值得我们注意的是，最先受到影响的是报刊行业，在 2014 年有将近 15% 的市场份额被互联网行业所瓜分，而这个发展趋势已经持续多年，整体的营业额已经"不堪入目"，遇到发展瓶颈。与之相对比的自然就是网络游戏和广告行业，仅在 2014 年度，就有超过 1500 亿元的收入，甚至这个发展趋势还在逐渐上升，已经超过了电视广告领域。而这些现象现在并不是我国所独有的，在美国等其他发达国家也同样发生了类似的现象。

（三）平台竞争开始加剧

往前倒推几十年，受观念和地域等因素的限制，电视在当时是十分稀缺的，而电视广告和一系列节目内容当然就获得了极大的利润，在人们心中的形象也是十分高大的。与其他媒体行业相比，电视显然是独占鳌头，而播出的电视节目也在当时成为人们热烈讨论的话题和对象。但是，随着全媒体时代的到来，传播内容开始呈现出碎片化和交互式的特点，传统的电视行业受到了极大的冲击，优势已经不再如之前那样突出，受众群体因多样化的媒体形式而逐渐分散。在电信、广电和互联网("三网")融合的大背景下,以往在电视上受到关注的电视节目逐渐被互联网上视频平台所分食,其中以优酷和酷六为代表的视频互动模式以及以新浪和腾讯为代表的新闻直播模式对传统新闻行业的冲击可以说是十分巨大的。除此之外,新兴的媒体行业也为众多媒体领域的人才提供了发挥才华的空间,同时也为众多社会人士提供了就业的岗位,与以往体制和思想都较为传统的媒体形式相比,新兴媒体在思想和体制等方面都较为先进,可以极大地鼓舞人们投身到媒体领域中来。

(四)内容组合竞争日趋激烈

为什么腾讯和新浪等互联网企业在全媒体时代中大获成功了呢?原因就在于用户的个性化需求得到了满足,人们有了更广阔的可以发表自己意见的空间,而不再是仅仅提拔那些有才干的人,同时,在内容制作方面也逐渐由产品模式向服务模式转变。社会上的那些主流传统媒体行业或单位在模式转变上受到了较大的限制,对于行政任务的重视程度明显要大于群众任务,对于受众群体的个性化需求也没有过多关注。

综上所述,新兴的媒体行业将传统的电视行业从市场份额、人才构成和受众关注度三方面进行了分流。与此同时,我们也可以注意到,行业的发展业态逐渐由"渠道为王"转变为"内容为王",关于平台的构建基本上都是将"内容"形式和内涵的输出放在了首位,由此电视新闻媒体行业的优势也就不复存在了。

三、两台合并后亟须优化新闻媒体资源配置

为了有效顺应新时代的媒体行业新业态,传统行业不得不进行观念、形式和内容等方面的转变,由此,在2006年最终由电视台和广播电台发起了相关的合并行动。

国家对于二者的期望就是,可以在合并的过程中达到优化资源配置,增加新闻媒体行业的深度和广度,将新兴的媒体理念和技术融入其中,以塑造和开发出一片可供新闻媒体行业发展的新天地,以引导行业向国际化的趋势发展。这二者

的合并对于未来媒体行业的发展是十分有裨益的，这是毋庸置疑的，二者优势互补，可以将广播电视新闻的权威性和引导性发挥到极致。但是，这个过程不可能是一帆风顺的，势必要经过一系列坎坷和波折。例如，在当今已完成合并的电视广播电台中仍存在资源使用和机构建制没有得到统一的现象。虽说在频率和频道资源方面的整合已经基本完成，但在新闻生产和采集环节仍然存在分散化的现象。

　　从外在看来，二者已经完成了合并，但实际上在运行体制和运作方式上仍然各行其是，内部仍有许多部分还是各自采取行动，在调配人员和资源采集等方面之前所采取的方式就有所差异，没有得到有效整合，因而还是采取"一套新闻两套人马"的行动方式，这在无形中就造成了资源的浪费，这显然没有达到最初二者合并的目的。在具体的实践行动中，二者磨合当然需要一定的时间和空间，这是必然的，也是不可缺少的一个环节，只有这样才能保证二者的结合是切实有意义的，但因为在全媒体时代下信息的快速迭代，这个"资源整合"过程要想确保它是切实可行的，是具有实践意义的，就必须意识到实践的紧迫性，容不得一丝怠慢。

　　实际上，在2012年有关部门曾经发起过有关"全国重点网络媒体记者团"的活动，其中，有一篇报道十分引人注目，主要叙述的是有关"辽宁模式"的一些内容，文中提到：从"新闻立台"的角度上来看，"辽宁模式"应当是将电视和广播这两种媒体形式中的新闻报道融为一体，最终形成一个极具系统性的"大新闻中心"，意思就是前期的采访部分可以由广播电台负责，其随后将采访成果共享，之后再按照二者所具有的不同特质将信息传递出去。由此看来，要想让电视台和广播电台二者的融合迈出坚实有力的第一步，就要从资源整合开始，这也是顺应全媒体时代潮流的一条有力举措。

四、媒体融合亟待建立新闻媒体新的长效机制

　　这里所提及的"媒体融合"指的就是上文所述的将新兴媒体和传统媒体二者结合在一起的一种形式，这种理念的提出基本上与"两台融合"是发生在同一个

时间段的。我们可以发现，现在基本上所有的主流媒体都建立了自己的网站，很多媒体的身影出现在了微博、微信公众号和视频号中，这也是媒体获取公众信息和评论的一种方式和途径。举例来说，央视的新闻公众号在 2013 年 4 月正式上线。2014 年，新华社和浙江新闻客户端也出现在了人们的视野中。这些新闻客户端在上线之初确实取得了很好的成就，如浙江新闻客户端仅仅在推出的半年时间内，下载的用户数量就已经达到了 500 万人次。但是，随着时间的推移，用户端的下载人次逐渐呈现出下降的趋势。由此看来，要想传统媒体从根本上达到融入新兴媒体的目的，就要从创新入手，建立长效发展机制，这样才能为日后新闻媒体行业的发展提供坚实的基础和生生不息的动力。

虽说如此，但实际上，有许多传统媒体在融合之初并没有仔细思考过融合的目的和举措，也并没有仔细思考这些方式和形式上的改变是否能够顺应全媒体时代的发展趋势。它们认为只是简单地建立一个自己的门户网站或是将一些现在时兴的互联网技术应用到传统媒体行业中就大功告成了，这也是为什么在短时间内在微信和微博平台上出现了大量的企业用户注册。但事实上，虽说这种方式确实能在短时间内吸引到大量的用户注册，可以将受众的注意力吸引过来，但到了后期，这些使用者还是会回到他们最初可以自由讨论和发表的平台上去。

五、电视新闻媒体亟待从边缘化转变为新兴舆论阵地的主体

（一）求生存谋发展的现实选择

国家对于新媒体行业所设定的目标不再是简单的"得到普及"，而是开始关注受众的使用程度。显而易见，最能体现民众对于新媒体技术和产品使用程度的莫过于手机了，而手机可以将人际、群体、组织和大众等传播方式融为一体。其中，积累用户最多的莫过于微信和微博平台了，这是因为它们具有实时传递新闻信息的功能。显而易见，在全媒体时代，传统媒体行业的发展无疑面对着很大的压力，要想回避与新媒体的融合是不可能的，这是顺应潮流的时代选择。

（二）降低社会治理成本的需要

在全媒体时代，要想发展自己的实力，可以从舆论引导和信息发布等方向出发，只有舆论被正确和恰当地利用了，社会正能量才会在纷繁杂乱的网络信息中凸显出来。要避免网民们被那些消极、极端的情绪所牵引，这同样也是降低社会治理成本的一条有效途径。电视新闻媒体转而成为舆论发表的主体，这是因为社会和国家要想长治久安地发展和成长下去，就需要正确的价值观念和积极向上情绪的引导，公众也想要在积极向上的环境中学习和工作。因而，传统的新闻媒体就要快速挖掘和适应新媒体的发展特点，同时，对于舆论引导和受众服务等方面也要提升重视程度，将具有新媒体特色的理念和技术融入其中，才不至于被时代潮流所吞没。

（三）掌握意识形态话语权的需要

新闻的受众是十分广泛的，往往起着引导世人价值观念的导向作用，掌握着重要的意识形态的领导权、话语权和管理权。而在当今的时代发展环境下，要想切实履行自己的职责，一个有效的捷径就是与新兴媒体进行融合。众所周知，新兴媒体在传播速度和交互性上是具有极强的优势的，这也在一定程度上变革了新闻制作和传播模式，甚至在未来将会成为新闻制作中的一个重要环节。但是，在当前十分严峻的舆论生态格局下，传统媒体面临着十分重要的一个问题，那就是如何牢牢把握住意识形态领域的话语权，而这个问题的唯一解决方案就是迅速与新兴媒体进行融合。这种融合应当是科学的、具有实质性的，只有这样新闻媒体才能成为社会舆论的真正引导者。

第二节 当代电视新闻媒体与新兴媒体的融合发展

对于电视新闻媒体而言，它与新兴媒体的融合并不是一个十分简单的问题，其中蕴含着十分深刻的时代、现代背景和哲理，这也使业界和学界掀起了一阵讨论热潮。

从近些年的媒体融合发展情况来看,那些传统的广电媒体为了脱离在传播范围和载体等方面的禁锢,于是在新媒体领域中发展业务,并取得一些进展。就算如此,在二者的融合方式、程度和发展规模等方面还是稍有欠缺,仍然存在很大的发展空间。但是,从整体来看,这二者所处的领域原先的垄断格局正在逐渐被打破,但新的格局尚未形成,仍在不断的发展过程中。

(一)电视新闻媒体与新兴媒体的融合

对于电视新闻媒体和新兴媒体的融合方式,可以大致将其分为三类:自建网络媒体、网络电视和台网联动,其中,基本的形态有网络电视台、移动电视及IPTV、OTT TV等多种。

1. 自建网络媒体

我国自建网络媒体的开端就是中央广播电视总台的央视国际,自此之后,地方电视台紧随其后,自建网络媒体如雨后春笋一般开始涌现。到现在,我国的30多个省级电视台都已经完成了自建网络媒体的建设工作,已经具备提供影音节目和栏目点播等功能。但是,对于自建网络的发展,我们切不可盲目乐观,因为实际上网络人流量是十分有限的,这其实与电视台的网络媒体建设缺乏特色有很大关系。一些电视台的网络媒体在内容选择和功能服务上都无法满足受众的个性化需求,并且在用户体验和实时互动等方面的探索和研究仍需要加强。

2. 网络电视

随着计算机技术的蓬勃发展,网络机顶盒开始"走进"寻常百姓家,网络电视因此迎来了良好的发展机遇。与上述的自建网络相比,网络电视传播信息的内容和形式对于受众而言更容易接受,更符合当下受众的兴趣发展趋势。在近十多年的发展时间中,网络电视新闻媒体尤其发展迅速,这在一定程度上得益于视频网站的发展,这些网站往往在与新闻媒体结合前就已经有了一定的群众基础。截至2014年末,已经有将近29家省级以上网络台获广电机构批准,还有24家地方台也加入网络台队伍的建设之中。从整体的战略层面上看,自2013年以来,电视新闻媒体开始与传统媒体开展战略合作,将互联网技术应用到了实际的产业结构发展变革中，如互联网盒子和互联网电视等都是这一举措的产物。调查研究显示，截至 2014 年年末，有大致 4.33 亿居民都加入了网络大军中，与上一年同比增长了大致 1.04%。其中，有将近 72.28% 的用户群体所使用的设备为手机，大致有 3.13 亿人次，与上一年相比增长了 26.8%。综上所述，网络视频用户逐渐倾向于使用移动设备观看和浏览视频。一直到 2014 年，有 27 家 3G 手机电视内容服务机构和 6 家 3G 手机电视集成播控平台都获得了经营许可。从内容制作的方面来看，一些视频网站大力推出自制内容，旨在提升网络内容的独创性和新颖性，同时也关注了影视公司的存在，希望通过发展渠道的拓宽来达到脱离电视新闻媒体控制的目的，由此就对其造成了相当大的冲击。面对这样的情况，一部分电视新闻媒体为控制节目版权，开始着手打造一些极具独创性的网络传播渠道，如湖南广播电视台下设的芒果 TV 就是一个很好的例子，电视台或视频网站独创的自制节目在传播渠道和播放平台上都不必担心，完整的知识产权得到了保留，这也是我国第一批获准得到互联网电视牌照方之一。

3. 台网联动

所谓的台网联动指的是，传统的电视新闻媒体在播出、宣传和互动等众多环节与新兴媒体进行合作，实现共赢。在以前看来，我们只是将台网联动当作提升收视率的一种手段，而如今我们甚至必须将新媒体技术看作一件强有力的法宝，可以使得传统网络电视媒体顺势而上不至于被淘汰，同时对于新媒体而言也是互促互进的，尤其是对于省级的广播电视台而言，这是尤为被看重的。同时，随着 2015 年起正式施行的"一剧两星"政策，台网联动受到各大电视台的青睐。举例来说，在 2014 年，央视和北京卫视等众多电视台开始与爱奇艺联合制作节目播出，如《汉字英雄》和《大魔术师》等，在受众群体中得到了广泛的关注。国内电视新闻媒体的发展轨迹，往往与新媒体结合得更加密切的节目都可以获得较好的成绩，但从本质上来看，传统的电视新闻媒体还是受到了单向播出的限制的，其传播方式还有待改善。

（二）广播媒体与新兴媒体的融合

众所周知，在传统的媒体中，广播是一个十分重要的组成部分，其具有接受方便、简单以及节目制作简便与收听方便等优势。在以往信息传递还十分闭塞的年代，人们就是通过广播来接受外界消息的，这在当时是消息传递最为迅速的一种媒体形式了，同时也是当时唯一一种具备即时性特征的媒体形式。而在当今的国际时代环境下，广播发展的优势已经荡然无存，广播市场也随之日渐冷清，变得"人烟稀少"。面对当前各种媒体形式纷纷与新媒体融合的大趋势，广播媒体应当迎难而上，这不仅是一个挑战，同时也是一个机遇。而在全媒体时代，广播行业如何成为媒体领域中的一棵常青树，如何在不利于自身的情况下仍然能够获得成长和发展，是当前我们应该首要考虑的。从受众群体的层面出发，往往喜爱广播的群体在年龄结构上以老年人居多，同时还有相当一部分人是开车通勤的公众，这对于他们来说是一种消遣的方式。在制作内容方面，大多数的广播节目内容以新闻、交通、养生和音乐为主，这就要求广播人要具有较高的采编素养和能力，将具有丰富内涵的内容突显出来，这对于受众看不到主持人的媒体而言是至关重要的。不仅如此，舆论引导能力也是其制胜的法宝之一。从广播与新兴媒体的发展层面看，最早的合作节目是 1997 年由上海东方广播电台与"瀛海威时空"所联合创办的。在此之后，许多其他的电台开始效仿这种做法。随着全媒体时代的到来，广播开始与最为时兴的移动设备——手机结合起来了，数据截至 2013 年，使用手机收听广播节目的用户大致占了 47.8%，同时还有大致 15% 的用户选择了通过互联网来收听。而互联网与广播的融合形式发展到了如今，也衍生出了相当多的节目。举例来说，如今大部分人都是通过手机推送的消息来了解事情的，而广播电台通过推出当下中青年人所关注的行政监督类节目来吸引他们的注意，因而获得了相当一部分中青年观众群体。

根据新兴媒体业务与广播的结合形式，广播媒体和新媒体的融合方式可以大致分为自发办网和合作建网两类。其一，自发办网。例如，由江苏电台主办的"长江之声网络电台"就可以通过微信、微博等形式进行分享；还有内蒙古电台也是通过社交媒体平台渠道的扩展来与新媒体进行融合的，以此为契机来实现转型。其二，合作建网。这在当下的全媒体时代是一种十分常见的融合手法，而广播电台所选择合作的对象往往是当下中青年用户聚集的门户网站，如新浪网和搜狐网等。举例来说，在2009年创办的新浪河南网就是河南人民广播电台与新浪网共同筹资建设的产物，如今已经具备了超过百万的用户；除此之外，2011年由江苏电台和新浪网合办的新浪江苏网以及2014年由吉林电台与腾讯网联合创办的吉林电台腾讯发布厅都是这一举措下的产物。

虽说广播媒体形式与新媒体的融合已经有一段时间了，整体也在向着良好的方向发展，但其中仍然还是存在许多问题的。首先，节目形态的问题。即使经过融合后广播媒体大致在朝着社交化、本地化和移动化的方向发展，但从节目形态的角度来说与以往差别不大，节目内容仍集中在新闻、交通和娱乐等方面，虽然这已经可以满足一部分受众的需求了，但这种吸引力是十分有限的。其次，节目内容具有极强的同质化现象。虽说在覆盖范围上，一些省级和市级的电台已经有所改变，但其内容和形态与以往相比还是大同小异，没有什么变化。另外，在节目内容的制作方面，明显存在制作能力不足的问题，不论是在技术层面还是在人才队伍层面都还有很大的提升空间。最后，节目内容的更新问题。当广播媒体与新媒体融合后，信息的传播范围明显有所扩张，基本上已经由区域化的覆盖范围向逐渐达到全覆盖或是这个方向发展。对于节目传输到网络平台上的方式来说，一般情况下就是先将录制后的文件压缩，之后再在平台上进行发布，这可能是导致盗版网络电台猖獗的原因之一。但事实上，有许多网络电台都存在搬运他人节目的行为，这从侧面也可以反映出电台节目中优质节目的数量是十分稀少的。

第三节　当代电视新闻媒体融合发展的环境分析

传统电视新闻媒体与其他媒体的融合并不是孤立进行的。在这个过程中，不可缺少的还有与周围环境所产生的必然联系。众所周知，传统电视新闻媒体所具有的突出特点就是鲜明的事业单位性质和政治属性,因而与新兴媒体相比受到国家政策的影响就较大。与此同时,面对全媒体时代的到来,媒体要想生存下去,就必须直面社会上的产业和市场竞争,不得不被打上"市场化"的标签。除此之外,面对这样的情况,传统电视媒体为了迎合时代潮流,在内部产业结构和内容产品制作等方面都进行了升级和革新。由此,我们从宏观环境、内部环境和市场环境三个角度出发来进行探究,力图将电视新闻媒体现在的处境清晰明了地表现出来。

一、电视新闻全媒体融合发展的外部环境

通过对电视新闻媒体发展的外部环境进行分析,我们大致可将其分为政治、经济、社会和科技四大环境类型。这种分析方法称为 PEST 分析法,对于四者关系的大致概括如图 4-3-1 所示。

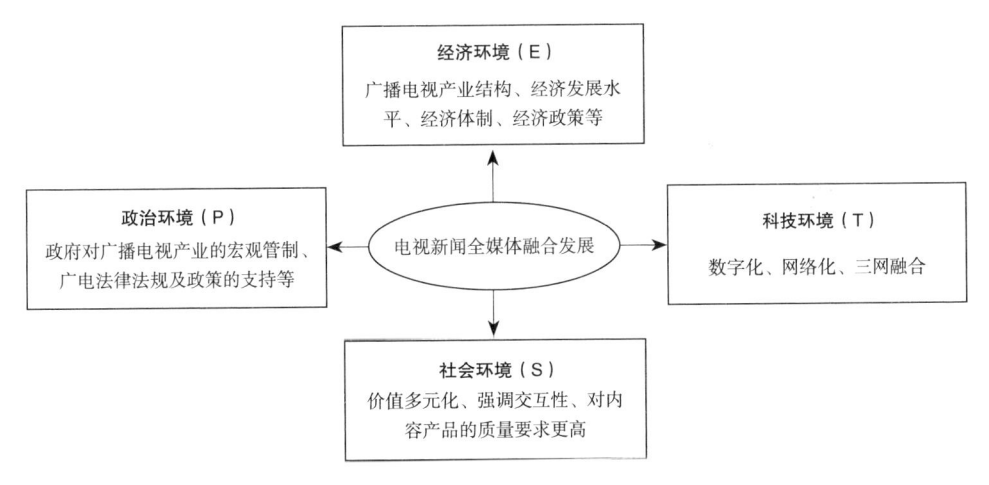

图 4-3-1 电视新闻全媒体融合发展的外部环境(PEST 分析法)

(一)政治环境分析

1. 政府对电视新闻媒体的直接管控

由国务院颁发的《广播电视管理条例》自 1997 年起开始施行,在之后的时间内进行过 3 次修订,主要决定的就是我国广播电视的管理方针是以"条块结合、

以块为主"，管理方式是接受中央和地方双重指导和管理。我们需要明确的是，广电媒体的中央主管部门为国家广播电影电视总局（现国家广播电视总局），除此之外，还设有下级省、市、县级管理结构若干。对于电视新闻媒体行业的工作人员而言，他们所奉行的就是宣传工作、事业建设和行政管理"三位一体"的方针政策，其中的中心环节就是宣传工作。另外，工作过程还必须坚持5个有利于原则，以反映正确的政治导向和价值观念。

2. 制定法律、法规和规章制约并规范广播电视事业

在全媒体时代下，电视新闻媒体行业所具有的产业属性越来越突显，在市场中所占据的份额也越来越大，但在产业结构和法律规范等层面还存在许多不足，大众和电视新闻广播从业者都期望能够看到完整的广播电视法。现在已经形成的较为规范的相关管理条例和法律有：1997年颁布的《广播电视管理条例》和2001年颁布的《广播电视设施保护条例》。

3. 政府对电视新闻全媒体融合发展的政策扶持

有关国家电视新闻媒体行业的政策扶持，在2014年又相继出台了《中共中央办公厅、国务院办公厅关于印发〈深化文化体制改革实施方案〉的通知》和《关于推动传统媒体和新兴媒体融合发展的指导意见》，在此基础上，针对广播电台与电视台的合并，以及传统媒体行业和新兴媒体行业的合并工作做了具体部署。

（二）经济环境分析

1. 产业结构

一般将广播电视产业划分到第三产业类型，在此基础上再根据产业链的不同环节进行再细分。

（1）主导产业

顾名思义，该产业在整个电视新闻媒体行业中占据着主导地位，其中最为重要的就是电视节目生产制作和电视节目经营，甚至随着发展逐渐成为核心的电视新闻媒体发展产业。为了迎合社会的市场化需求，近期开始有部分电视新闻媒体将其一部分的节目制作单位进行公司化管理和市场化操作，这也在一定程度上方

便市场化竞争和市场化管理的进行，对于媒体融合策略的实施也是相当有帮助的，便于打造具有品牌效应的金牌栏目和频道服务。除此之外，与节目的制作紧密相关的就是节目的经营环节。除了要满足基本的节目需求和观众需求外，还需要通过市场化运营来保证节目的价值能够得到切实发挥。从目前的状况来看，在节目制作和经营环节，我们还有十分广阔的发展空间。

（2）支柱产业

也就是我们耳熟能详的广告业。众所周知，传统的电视新闻媒体的主要经济来源就是广告的收益，甚至广告产业的发展情况在一定程度上决定了未来的电视新闻媒体的发展走向。从近些年来的电视广告收入情况来看，增长速度有所缓解，甚至到了2014年已经被互联网广告收入所超越。在当今的全媒体时代，仅靠传统的收入形式是肯定无法长久走下去的，更何况新兴媒体产业还将部分广告瓜分，传统媒体行业的广告收入来源自然就会因此而降低，业内的众多专业学者也呼吁要想走出这种收入困境，就要积极拓宽收入渠道，以完善多元化的盈利模式。但是，从目前电视新闻行业发展情况来看，最为理性的做法还是从广告市场入手进行操作。

（3）基础产业

主要是指网络和技术经营。

第一，经过在传输网络领域的数十年努力，我国电视新闻媒体产业在数字化、三网融合和高清互动等领域有了不小的发展。截至2014年，我国的有线电视发展规模已经跃居到世界第一位，有线数字化率已经超过了80%。

第二，从网络和电视发展技术层面上看，目前我国电视新闻媒体还有很大的进步空间，同时也存在重复建设的问题亟待解决。为有效推动电视新闻媒体建设，帮助资源实现有效整合，应当建构出统一的技术开发服务平台，这为日后实行企业化和市场化管理都打下了坚实的基础。

2. 产业发展

在2014年，我国的电视新闻媒体发展态势整体呈现出积极向好的态度和方向，一年内总收入高达 4226.27 亿元，同比增长 13.16%。在互联网时代思维的影响下，电视新闻媒体行业也开始拓展新媒体业务，最终探索出一条适合自己的 T2O（TV to online，电视到网络）的发展道路。2014 年的视听新兴媒体整体发展劲头迅猛，产业规模在当时就已达 378.4 亿元，同比增长 48.8%，在全国范围内有将近 600 家企业开设了有关的互联网视听服务。除此之外，在广播电视行业的体制改革方面，到 2014 年年末为止，已经有将近 85% 的民营企业增加了广播电视节目的制作部门或涉及相关领域。在电视节目内容的知识产权开发和维护方面，电视新闻媒体行业开始逐渐意识到了版权问题的重要性，从中央到地方的电视台都开始逐渐成立版权管理中心，并且不断向产业链和相关产业进行思想、制度和理念渗透。

（三）科技环境分析

所谓的电视新闻媒体的科技环境，指的就是对行业发展会产生影响的一些科技因素，以及人们对于传媒技术的使用程度和具体情况等。众所周知，全媒体时代的到来和国家科学技术的发展是有着十分紧密的联系的。其中，尤其以数字化、网络化和三网融合技术对于媒体融合发展进程的影响最为深刻，它们可以逐渐将各种技术之间的壁垒打破，随着到来的就是一场深刻的技术和科技变革。在这样的时代背景下，不断有新的媒体形式、应用等出现在人们的视野中。通过研究发现，广播电视、报刊和互联网等之间的技术边界的消失过程如图 4-3-2 所示。

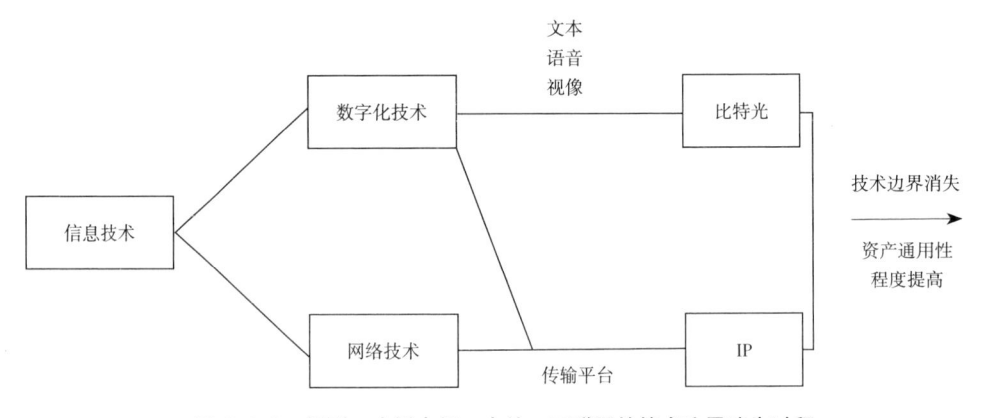

图 4-3-2　报刊、广播电视、电信、互联网的技术边界消失过程

数字化技术能够将文本、语音和视像转化为统一的"比特流",自此之后技术边界消失,多种形式的信息完成了相互转化。一般我们所提及的三网融合技术就是以 IP 技术为基础形成的,是将数字化技术和互联网技术融合后最终才形成的产物,一方面,信息的传播方式发生了改变,从单向传输向双向传输转变;另一方面,信息的传输成本也得到了大幅降低。

由此看来,媒体技术的迅猛发展可以使得原先传统的媒体形式,如报刊、电信产业和广播电视等的发展平台都最终归于统一,最终形成了所谓的多媒体基础平台,它具备费用低、易维护和适应范围广的特点。

1. 数字化

所谓的数字化技术,指的是最初源自信息领域的数字技术向人类的生活领域进行拓展的一种技术方法,这一技术最初源自 20 世纪 80 年代。在媒介融合的过程中,不可缺少的就是数字化技术,它不仅可以帮助不同的媒体形式轻松变化形态,还可以拓展多样化的传播渠道。数字化技术可以将具象的文本、图片和声音等都转化为统一的机器语言,这样就可以使不同形态的信息得以以统一的形式被人们接收,也方便人们进行理解和再传输。显然,数字化技术的出现引起了一场深刻的传播领域变革。首先,信息传输和复制的速度与以往相比提高了许多,与此同时传输成本也得到了降低。其次,信息的传播渠道不仅实现了多样化的渠道的拓展和融合,除此之外,不同信息形态之间的隔阂从此消失不见,转而使用数字化语言将其作为传播介质,这也是不同信息进行相互转化的中间形式。最后,数字化技术使得信息与介质发生了分离。在互联网时代进行信息传输的过程就是,使用数字技术将输入信息进行编码,将其传到数字化终端后进行解码,还原为最初的信息形式。而信息与介质分离后就可以使得各种数字化智能终端拥有接受各种各样形态信息的功能,如平板电脑和个人电脑等,受众接受信息所要花费的成本也就因此而降低了。

2. 网络化

数字化有效解决了信息转换问题,互联网技术的出现则解决了信息在传输方面的问题。在全媒体时代，互联网技术发展迅速，对媒介传播产生了至关重要的作用。

第一，互联网具有模拟人际信息传播过程的作用。通过对传统电视新闻传播进行系统研究发现，它只能进行点对面的信息传播，而即时的互动信息传播过程是无法进行的。互联网的出现很好地弥补了其缺陷，最终就实现了经过媒体融合后的电视新闻媒体形式，不仅可以进行最基本的点对面的传播，也可以实现点与点之间具有互动性质的传播。

第二，互联网可以突破时间和空间的桎梏。虽然传统的电视新闻媒体已经可以突破地域和时空的限制了，但互联网技术的普及也使得信息传播的范围有进一步的扩张。

3. 三网融合

所谓的"三网融合"指的就是在电信、广播电视台和互联网三者之间形成资源上的共享和业务上的互通，最终达到统一的过程。我们最初在正式的纲要文件中见到"三网融合"就是在"十五"计划纲要中，而这一议题正式进入轨道还是自国家在2010年公布试点城市方案后。到现在为止，我国的"三网融合"就是在电信网和有线电视网（两张物理网）上开展三项具体的业务工作，分别为广播电视、宽带接入和语音服务。而国家所颁发的具体"三网融合"的实施方案就是为了将行业间的壁垒打破，随后将电信产业与传媒产业进行融合，这是有十分重要的战略意义的。

（四）社会环境分析

影响电视新闻媒体与新兴媒体融合的社会环境，主要指的是社会主体及其意识形态和言语习惯等方面。

首先，在全媒体时代下，受众的思维习惯和行为方式受到当代思潮的影响已经有了很大转变。这时，人们不再仅仅是简单地接收来自外界的信息，同时也加入信息的传播过程中去，渗透信息传播的各个环节之中，人们的主观能动性得到了激发，参与的积极性自然也就高涨起来了，而对于媒体而言，它们也应该及时注意到用户的个性化需求。

其次，公众对于精神生活和文化娱乐等方面的需求不断增加，由此，媒体行业就更应该设身处地地去思考和体会现在受众的需求。

最后，随着国家经济实力和国际地位的提升，人们的收入也在增加，生活逐渐变得富裕了起来，人们在购买、鉴赏等方面的能力都有大幅提升，因而，媒体行业就应该及时发现受众的这种变化，及时给出对策，以保证节目始终符合受众的口味。

二、电视新闻全媒体融合发展的内部环境

电视新闻全媒体融合的发展过程，我们可以使用SWOT分析法进行呈现，其中主要包含四部分内容，分别为优势（S）、劣势（W）、机会（O）和挑战（T）。通过研究，我们将电视新闻全媒体融合发展的内部环境进行了分析和概括，如图4-3-3所示。

优势（S） 权威性：内容制作、资源优势	劣势（W） 事业单位体制：新兴媒体运营经验不足，互动性不足
机会（O） 视听新兴媒体用户规模稳步增长、技术进步、三网融合中拥有广电牌照	挑战（T） 冲出"沉默的螺旋"雾霾、抢占新闻报道的先机、业务流程重组

图4-3-3　电视新闻全媒体融合发展的内部环境（SWOT分析法）

（一）优势分析

1. 传播内容更具权威性和公信力

在当今网络空间中，存在的信息传播主体往往具有匿名性和多元化等特性，这也是导致众多网络垃圾存在于人们社交平台和软件中的一个主要因素，其中甚

至包含了一部分极为消极或是极端的信息，因而人们对其并不是十分认可。而与之相比较的是传统电视新闻媒体，因为它在社会中主要承担的就是社会监督和政府宣传等活动，在节目内容审查等方面尤其严格，但又始终与人们的生活紧密联系在一起。由此，其多年以来在社会群众中获得了相当广泛的认可度，其所发布的内容也被认为是最具有权威性的。尤其对于一些重大的新闻事件报道，它的这种特性尤其能够得到凸显。

2. 内容制作的水平更高

众所周知，在电视新闻媒体行业中，对于节目内容和制作以及设备、资源等方面，它们是相当具有发言权的，也正是因为这样它在互联网还未普及的时间节点中发挥了十分重要的作用。与之相比较的是，有一部分新兴媒体在节目内容和视频节目的制作方面缺乏相关经验和专业素养。除此之外，电视新闻媒体因为长期受到受众们的信赖，自然而然就积累了相当多的节目版权，从资源方面来看，是相当有优势的，如果我们充分将数字化技术等应用到节目之中去，不难想象它在全媒体时代中将掀起怎样的一阵狂潮。

3. 资源优势更为明显

第一，传统的电视新闻媒体因为其本身成立时间较早，因而在行政和政策等方面受到的"照顾"更多，这就十分有利于其在未来的媒体融合发展历程中获得主动权。

第二，从人才资源方面来看电视新闻媒体也是十分具有竞争优势的，在全媒体的融合发展过程中，我们可以说掌握了人才，就掌握了制胜的关键，这也不失为一种发展的有效途径。

第三，其设备资源也是十分丰富的。虽说新兴媒体因独有的传播方式等十分受到人们的青睐，但在技术层面因发展时间短还存在许多不足。举例来说，传统的电视新闻媒体在互联网技术还没有普及的那个年代已经积累了相当多的优势资源，尤其是设备资源，在可以保证节目内容质量的前提下，在节目视觉效果等方面与新兴媒体相比也是具有强劲的实力的。

（二）劣势分析

从现在的发展状况来看，传统的电视新闻媒体要想真正与新兴媒体实现融合，尤其是在资源整合方面，仍需要相当多的时间来进行过渡。除此之外，要想发展全媒体业务，在资金、技术和人才方面还有待提升。

受当前时代环境和思潮的影响，民众对于信息传播的速度和方式有了更高的要求，如互动性和即时性等。由此，传统的电视新闻媒体要及时关注受众的心理变化，以此来快速作出反应，向互动性和个性化的趋势发展，同时注重技术和节目内容的创新。

（三）机遇分析

调查研究显示，近几年的视听新兴媒体用户注册数量迅猛发展，但实际上，在新兴媒体的发展过程中遇到了不小的阻碍。截至2014年，有调查显示，当时的网络视频、IPTV、手机视频、手机电视的用户规模分别达到了4.33亿、0.34亿、3.13亿和0.56亿。用户们注册新兴媒体平台的数量激增，一方面反映出传统电视新闻媒体的发展迎来了新的高潮，这就为其提供了很好的市场和经济基础。另一方面，新兴媒体的发展时间还尚短，尚不成熟，收入来源大部分还是广告。这种单一的收入方式具有极强的不确定性，缺乏稳定性，在短时间内是很难得到回报的。但是，从本质上来看，发展电视新闻媒体和新兴媒体的融合产业时机已到，它们在市场份额上的差距正在逐渐缩小。

除此之外，在"三网融合"的政策推动下，电视新闻媒体占据着主动地位，在实际的市场运营过程中拥有内容的审查权和控制权。剩下的电信产业和网络运营产业都需要与具备牌照的一方合作和共事，这也为日后的发展和运营工作打下良好的政策基础。

最后，就是技术方面的机遇。在数字技术和互联网技术发展的今天，进行媒体融合发展已经是板上钉钉的事情了，这同样也为电视新闻媒体的发展提供了广泛的技术发展空间。

(四)挑战分析

1. 全媒体时代"沉默的螺旋"现象要求新闻媒体冲出雾霾

全媒体时代所带来的不仅是信息传播方式的变革,信息的传播途径也随之变得多元化。如果不加以控制,严重者就会造成社会舆论的混乱。

2. 全媒体时代的"第一新闻"信息要求新闻媒体抢占先机

虽然传统新闻媒体对于传统新闻报道还是掌握着最权威和最具公信力的信息,但抢占新闻先机的却是那些在无时无刻不手持移动终端的人们。例如,2010年发生的玉树大地震,最先上传到网络上的第一组现场照片也是来自一个普通人的手机。由此不难看出,在当今的全媒体时代获得第一手新闻咨询的往往不是专业的新闻记者,而是普通民众,他们大多来自民间。从根本上来看,这其实也是一件好事,因为"民间记者"的数量是要远远多于专业记者的。但是,对于电视新闻媒体而言,就是要思考如何借用这种新闻传播的特性,能够第一时间以各种方式"进入"新闻现场中,最终从专业的角度给予民众们最直观、最具有权威性的信息。在笔者眼中,充分利用好"第一新闻"就是一个十分高效的新闻获取途径,这样不仅可以在短时间内获取到最热门的新闻事件,同时也能够避免"沉默的螺旋"现象的发生。就如十几年前发生的重大地震一样,虽然第一时间在网络上发布信息的不是电视新闻媒体,但是借助媒体就可以迅速直击第一现场,然后发回最具有权威性的报道,同时媒体也能充分发挥自己的职能,在新闻事件中始终占据着主体地位,将社会事件中蕴含的正能量第一时间传播给大众。综上所述,在"传递社会正能量"与"沉默的螺旋"现象并存的社会中,媒体就要抢占新闻先机,这样才可以避免因没有权威信息发布而导致的舆论混乱现象,这也是当今电视新闻媒体的唯一选择。

三、电视新闻全媒体融合发展的市场环境

众所周知,影响企业发展的中观环境就是市场竞争环境,而要想保证企业在发展中能够始终保持活力,以及电视新闻媒体能够有效规避"沉默的螺旋"现象,

由诺埃勒·诺伊曼所提出的一个政治学和大众传播理论不失为一个好的思想基础。这一理论认为，一个人如果对于一件事情或一个人有自己的看法或意见，但可能这是少部分人的想法，他就会选择缄默，以免与人数较多的一方发生冲突，也避免自己被其他人所孤立。下面，我们将使用迈克尔·波特的竞争五力模型来对电视新闻媒体进行具体分析，然后将这种竞争环境归纳如下，如图4-3-4所示。

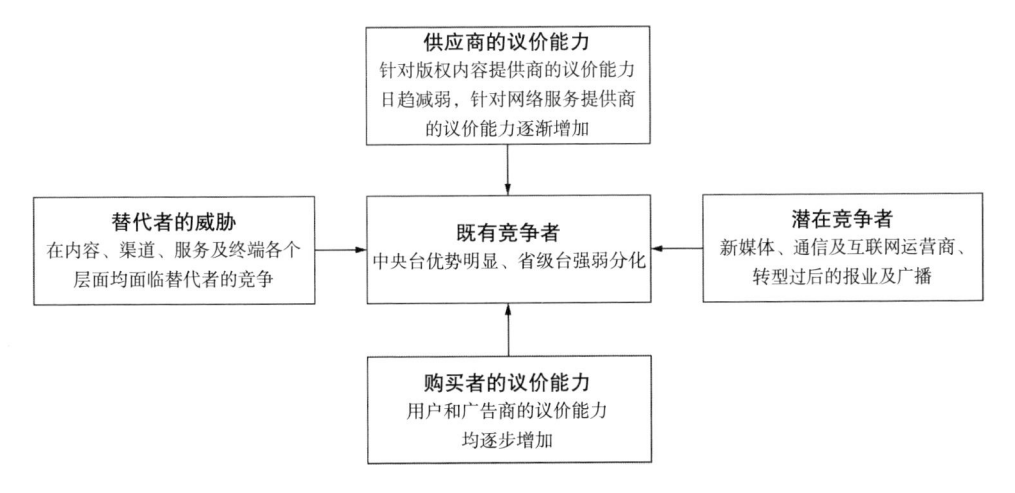

```
                    ┌─────────────────────┐
                    │    供应商的议价能力    │
                    │ 针对版权内容提供商的议价能力│
                    │ 日趋减弱，针对网络服务提供商│
                    │   的议价能力逐渐增加   │
                    └──────────┬──────────┘
                               ↓
┌──────────────┐      ┌─────────────────┐      ┌──────────────────┐
│  替代者的威胁  │      │    既有竞争者     │      │   潜在竞争者      │
│在内容、渠道、服务│ →   │中央台优势明显、省级│  ←   │新媒体、通信及互联网运营商、│
│及终端各个层面均面│      │   台强弱分化     │      │  转型过后的报业及广播  │
│  临替代者的竞争 │      │                 │      │                  │
└──────────────┘      └────────┬────────┘      └──────────────────┘
                               ↑
                    ┌─────────────────────┐
                    │    购买者的议价能力    │
                    │   用户和广告商的议价能力 │
                    │     均逐步增加       │
                    └─────────────────────┘
```

图4-3-4　电视新闻全媒体融合发展的市场环境（波特竞争五力模型）

（一）既有竞争者

在传统媒介时代，当时的传统电视新闻媒体行业具有十分鲜明的地域性和行政性特征，由此呈现出"优势明显，强弱分化"的基本竞争格局，其中"优势明显"所指的就是中央广播电视总台，而"强弱分化"主要指的就是省级电视台。以往，在同一个行政区内，仅仅只会具有一家有绝对优势的电视新闻媒体。值得我们注意的是，在竞争激烈的电视新闻媒体领域中，就算各个电视台的竞争再激烈，也不存在淘汰的现象，也就是不存在行业推出机制。而在全媒体时代，新兴媒体与电视新闻媒体的融合发展将不同地域与级别之间的限制打破了，而作为竞争主体的电视新闻媒体也将具有更为广阔的发展空间。

（二）潜在竞争者

综上所述，各个媒体形式之间的壁垒因为技术的进步而被打破，由此不断有新的媒体形式应运而生，还有一些传统的媒体形式，如报刊和广播电台等也纷纷加入媒体融合的大军，因而就产生了越来越多的市场主体与电视新闻媒体进行竞争。从行业发展的角度来看，"三网融合"是时代发展的必然趋势，是不可逆转的，于是一些电信和网络运营商们就开始积极投身到节目制作和影音视频等领域的发展之中，至此，传媒行业呈现出了多元化的发展趋势。通过研究调查发现，这些潜在竞争者或是在技术层面，或是在资本与市场运营层面具有很大的优势，这对电视新闻媒体的发展而言是一种挑战。

（三）替代者的威胁

"三网融合"发展的大背景对于电视新闻媒体而言可能是一把双刃剑。尽管其在政策的引领下拓展了新的业务发展渠道和新的信息获取渠道，但其他行业如电信或互联网运营商也同时获得了广播电视台的业务发展机会，这种竞争形式是具有复制性的特征的。除此之外，因为媒体融合趋势的不断加深，由电视新闻媒体垄断节目内容、服务和终端等层面的现象已经一去不复返了。第一，从节目内容的生产方面看，因为全媒体时代思潮的影响，人们在社会中所扮演的角色发生了变化，他们既可以是工人，也可以是媒体从业者，这完全不冲突，同时内容也变得更加多元化了。第二，从内容传输的方面看，它们具备音频传输的功能。但是，到了具体的应用环节，一些新兴媒体可以提供相对智能化和个性化的服务，同时互联网平台所具有的强大的聚合能力使得受众们可以更为轻松、便捷地去接受信息，这也在一定程度上激发了他们的主观能动性，用户的积累也在一定程度上为媒体融合的后续进程奠定了坚实而有力的基础。

（四）供应商的议价能力

一般来说，电视新闻媒体在融合发展进程中所接触到的供应商有两大类：版权内容和网络服务类型的供应商。第一，从版权内容处理的方面来看，潜在的内容供应商可能来自各行各业、各个领域，可能是个体用户，也可能是视频网站或是广播电台等，其所具有的议价能力与其传输渠道是有很大关系的。从我国整体的市场格局中看，除了中央广播电视总台外，其他省份的电视台因为地域因素的影响而呈现出"强弱分化"的基本态势，整体的发展格局是比较分散的，这也在一定程度上导致我国的一些电视新闻媒体在议价过程中缺乏优势，这对于它们的发展和成长也是不利的。由于电视新闻媒体与新兴媒体的融合发展，传播渠道得到了扩充，这表示内容版权的竞争演变得更加激烈了，而其议价能力和素质也受到了不小的影响。第二，从网络服务的方面看，广电网络依然占据着地理位置上的优势，而一些处于较为偏远地区的外地电视台则缺乏竞争优势。

（五）购买者的议价能力

众所周知，在电视新闻媒体上花费资金的主要就是个体用户和广告商两大类群体。在传统的媒体介质发展时代，尤其在内容和传播渠道上有着较大的困难，而电视新闻媒体就是借助了这些优势占据了垄断地位，但是在议价能力和受众的选择层面上都处于劣势。在全媒体时代，信息传播渠道变得多元化，市场定位从"卖方市场"转向了"买方市场"，这导致了受众群体和广告商的选择范围更广泛了。第一，通过互动的方式，用户获得了丰富的体验感和满足个性化需求的信息；广告商也达到了营销的目的，可谓是一举两得。第二，信息渠道的多样化使得原先较为系统的用户需求被分散了，而广告商就会选择组合营销的方式进行产品的宣传和推广。由此可知，在当今的时代环境下，不论是广告商还是个体用户，它们的议价能力都得到了大幅提升。

四、电视新闻全媒体融合发展环境的优化方向

（一）宏观环境优化

1.适当放宽行业管制

显而易见，在各个媒体介质之间存在隔阂和障碍是不可避免的，如视听媒体以电视新闻媒体为代表，与以报刊为代表的平面媒体要想融合必定是十分困难的。而在全媒体时代，这些阻碍的存在显然是无法保证媒体融合顺利完成的。由此，

面对这样的情况，各个行业首先要放开，打破行业壁垒，这样才能为媒体形式之间的融合发展提供渠道和路径。

2. 建立多元融资机制

众所周知，传统电视新闻媒体是具有鲜明的事业单位属性的，因而在融资方面自然就会受到许多方面的限制。要想实现电视新闻的全媒体融合，势必会消耗相当数量的资金，但在社会资本的获取和引入以及上市等方面所享受到的权利显然是不同的。举例来说，广电主体或其旗下的一些传播平台要想获得国内外的社会投资，就必须受到国家的严格控制，而新兴媒体在这方面受到的限制则少得多。由此可见，对于融资的限制是媒体在今后的融资发展道路上要逐渐完善和解决的。

（二）体制机制优化

1. 管理体制的创新

对于电视新闻媒体而言，其在管理体制上因为采用的是"三位一体"的体制，这样就会容易发生领导混乱或是考核目标不统一的问题，这不仅对节目制作和产业发展不利，对于人才培养和制度的完善也是丝毫没有好处的，这样持续下去只会使产品质量持续下降，最后失去权威性和公众力。因此，我们要将电视新闻媒体的产业和事业板块进行细分。对于产业板块的改革集中在体制革新上，如将节目制作的相关部门独立出去，以进行产业化和企业化运作，使之发展成为成熟的市场行为主体，对于详细的管理手段也应该学习企业的管理方法，逐渐向市场化的管理方法和手段靠拢。

2. 经营体制的创新

在全媒体时代，"三网融合"技术和数字化、网络化技术的发展，显然对于传统的电视新闻媒体已经产生了深刻的影响，尤其是其产业格局和产业链（包含节目制作和播出传输等内容）都面临着被重构的可能。节目的制作和播出，应该完善相关的制播分离体制，这样的发展趋势是更加倾向于现代的企业发展模式的。从收入方面来看，我们可以对国外较为成功的案例进行研究，它们往往会将综合信息平台运营模式（如节目和内容付费）放置在盈利模式的主导地位上，由此电视新闻媒体的盈利渠道也会趋于多样化。

（三）内部管理优化

在全媒体时代，电视新闻媒体在良好的组织结构重构视角下，内部管理优化将直接影响电视新闻媒体的市场竞争力、权威性和公信力的提升。因此，电视新闻媒体的内部管理优化要着重关注以下几个方面：

1. 以公众为中心

全媒体时代为公众提供了多样性的新闻信息获取方式，同时也提供了公众参与信息互动的通道。因此，对于日常民生新闻，一方面要结合不同媒体终端的特点，策划"接地气"的不同方式的新闻报道；另一方面要给予公众信息互动和反映民生问题的便捷通道，以公众为中心来优化新闻报道的业务流程，以形成汇聚民智、传递民情、纾解民困、共建和谐的民生新闻报道和互动格局。这种格局不仅为公众提供了舆情与新闻信息的传递通道，也为电视新闻媒体提供了丰富的新闻来源。

2. 以体现新闻价值为导向

无论是民生新闻还是重大新闻，在新闻信息的报道中都应注重新闻的价值性，尤其是重大新闻的报道，应利用不同媒体，以不同的方式，以新闻价值为导向进行协同性互补报道。例如，以新闻价值为导向，进行手机报的多点发送、网站的滚动播报、视频节目的跟踪解读、纸质媒体的深度报道等。总之，新闻报道要充分体现新闻的价值性，以满足公众对新闻的不同需求。

3. 以人为本

电视新闻全媒体融合后的一个突出特点就是搭建了一个全媒体报道平台，使得广电报媒体集团内部可以形成一个新闻信息统一采集、以不同方式发布的体系。这也对新闻记者提出了更高的要求。他们需要背起设备齐全的背包出发采访，除了要向编辑部发回文字、新闻图片、音视频资料，满足电视、报纸、广播、网站、手机等移动终端、户外媒体的需求外，他们通常还被要求组织在现场采集到的新闻，在第一时间以什么样的形式直接传递到什么样的媒体等。这就是当前电视新闻媒体所要求的复合型、全能型记者。与此同时，电视新闻媒体的内部管理也要注重激发和调动人的主动性、积极性、创造性，致力于媒体人与新闻媒体的共同发展。

第四节　当代电视新闻全媒体融合发展的动力机制

一、电视新闻全媒体融合发展的动力系统分析

（一）引力子系统

我们可以将电视新闻全媒体融合发展的引力子系统分为三个具体方面：市场需求、新兴媒体功能和商业模式创新。首先，因为全媒体时代的影响，民众的需求日益丰富起来了，信息开始逐渐呈现出了个性化和交互性的特征，以往单一的电视新闻媒体传播形式受到了十分严峻的挑战。不仅如此，对于以往单一的收入来源，受互联网技术的影响，众多媒体产业应运而生，广告商们也开始更倾向于往受众群体更加广泛的新兴媒体行业中投放广告。要想进行全媒体融合发展，首先就需要有一定的资金支持，而市场就是最好的获得资金来源的途径。因此，由受众需求和广告商所构成的引力子系统就是电视新闻媒体融合发展的内在动力。其次，另外一个十分重要的内在驱动力就是商业模式的创新。我们可以以"三网融合"为例，它在未来"智慧城市"的建造理念中是发挥了非常重要的作用的，成为连接公众与信息平台二者之间的媒介，而如果这个项目是不具有营利性的，则"三网融合"战略就不具有进行下去的必要了，而这对以后的媒体融合发展也是一个相当大的打击。由此看来，商业模式就是媒体融合发展的经济基础，可以通过这种模式获得资金来源和价值创造，其实有时商业模式在技术方面的创新，其根本是远远超脱于技术本身的。

（二）推力子系统

推力子系统主要包含两部分内容，即电视新闻媒体和其他行为主体在利益方面的诉求，而其他参与媒体融合的行为主体可能是电信运营商，也可能是报刊和广播电台等传统媒体形式，它所囊括的范围是十分广泛的。对于其他的行为主体而言，它们要想加入到媒体融合的发展进程中来，前提就是它们所获得的整体受益是大于它们独立时的收益的，包含帕累托改进性质的分配规则。归根结底，驱动媒介融合的原因就是自利性，意思就是在这个行为过程中能够保证自己的生存基础，并获得一定的成长。

而针对电视新闻媒体所关注的利益主要来源于两个方面：经济和社会。从经济的角度来看，在全媒体时代，电视新闻媒体不论是在体制上，还是在市场和收入上都受到了不小的影响，由此要想能够一直发展下去，就要直面挑战，其中一条有效途径就是延伸产业链和追求规模经济。从社会的角度来看，电视新闻媒体始终是政府的喉舌，因而我们要充分利用这一优势，将其延续到媒体融合发展之中，同时，新兴媒体在舆论信息发布和传播等方面所具有的优点也可以延续到其中，自此之后就可以形成一个新的舆论场，这也是我国政府大力推进媒体融合的原因之一。

（三）支持力子系统

众所周知，电视新闻媒体的融合发展是不可能独立进行的，其发展的外部环境主要可以分为政治、经济、技术和社会四个方面，而支持力子系统是作为环境基础而存在的。其中，我们尤其需要关注的是政策法规，它是各个媒体行业或形式在进行活动时所需要遵循的行为准则，同样也是媒体融合过程中不可缺少的一个动力分子。除此之外，起到决定性作用的是技术因素，数字化技术和终端设备技术的迅猛发展，使得传媒行业的产品得以在技术层面不断实现创新；经济因素是电视新闻媒体行业融合发展方向的选择依据，同时，最为根本的物质条件和市场条件也是以此为基础的；社会因素主要包含的就是公众的个性化诉求，为满足民众的多样化需求，电视新闻媒体就必须不断创新以适应民众的需求。从政府方面来看，虽然国家已经达成了支持媒体融合发展的战略意见，但是，受到一部分地域和经济因素的影响，一些地方政府在执行上存在困难。

二、电视新闻全媒体融合发展的动力机制模型构建

在电视新闻媒体进行全融合的发展过程中，各个子系统之间是不断影响和相互依存的关系。由此，本书就构建了有关其具体融合发展的动力机制模型，如图4-4-2 所示。

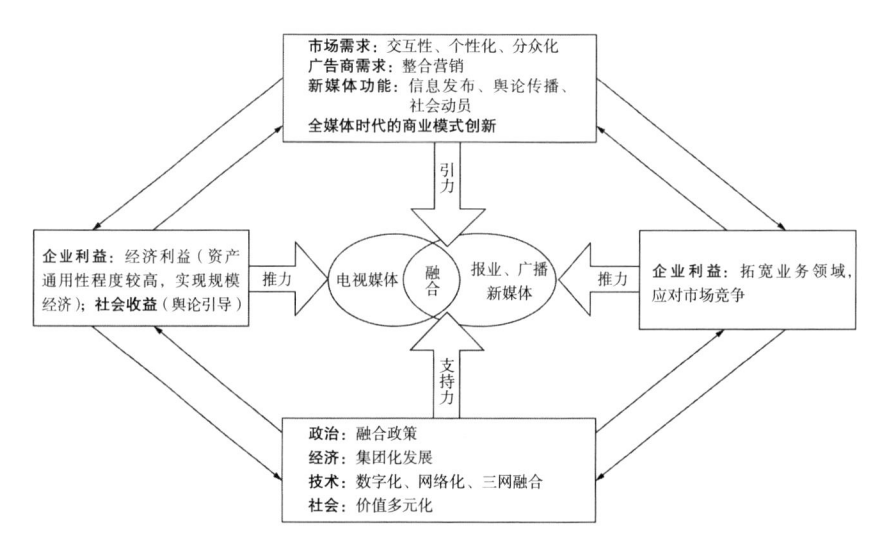

图 4-4-2 电视新闻全媒体融合发展的动力机制模型

在进行电视新闻媒体和新兴媒体的融合发展之前，最重要的就是先确立发展目标，同时也要清楚在追求经济和社会效益时，自然会受到其他因素的影响。因为它们的融合发展是离不开外在的市场环境的，因而一定要在充分分析过市场，进行过市场调研后才能制定融合发展战略。同时，我们要充分认识到民众在其中所起到的作用，对于他们所提出的诉求和想要达成的愿望要给予充分的关注。在市场营销方面，我们也要注重渠道的扩张，以最大程度上获得良好效果。除此之外，市场需求的形成并不完全依靠民众，电视新闻媒体行业所表现出的创造力也是十分重要的一个影响因素。

第五章 当代电视新闻媒体融合发展技术及对策建议

本章为当代电视新闻媒体融合发展技术及对策建议，主要包括三节内容，分别是当代电视新闻媒体融合发展技术、当代电视新闻媒体融合发展的对策建议、当代电视新闻媒体融合发展的趋势。

第一节 当代电视新闻媒体融合发展技术

当前，电视媒体发展正面临战略转型，以互联网、移动互联网为代表的新媒体快速崛起，电视媒体作为主流媒体正面临着严峻挑战，移动互联网、云计算、大数据等新一代信息技术对电视内容制作、播出、服务模式与服务格局产生了全方位影响。

2015年12月，国家新闻出版广电总局科技司发布了《电视台融合媒体平台建设技术白皮书》，推动传统媒体和新兴媒体融合发展，打造以云计算、大数据等现代信息技术为基础的"融合媒体云平台"，成为落实中央全面深化改革部署、推进宣传文化领域改革创新的一项重要任务。这也是电视媒体机构适应媒体格局深刻变化，提升主流媒体传播力、公信力、影响力和舆论引导能力的重要举措，同时也为电视媒体科技创新工作指明了方向，提出了更新的高要求。

为推进媒体融合，电视媒体机构需要改变以往单一的采编、传播方式，向"台网"融合、"多屏"融合生产转变，开展基于全媒体内容管理的"融合生产"，形成全媒体运作的新业态，实现传播效益最大化。融合媒体云平台将原来业务系统的功能模块封装为松耦合的工具和服务，将各业务系统中的公共功能如迁移转码、内容存储管理等下沉到公共的平台（PAAS 平台）中，统一为上层的各个业务系统（SAAS 应用）提供能力支持，促使电视媒体的业务板块和系统进一步融合。

一、电视台融合媒体平台技术发展情况

（一）电视台技术架构的发展历程

电视台作为大众主流媒体机构，主导着社会舆论舆情，肩负着民族的重托，发挥着"以正确舆论引导人"的喉舌功能，长期以来受到社会公众的广泛关注，是重要的宣传阵地。我国的电视媒体事业在过去的几十年来得到了巨大的发展，其历程大致可分为以下几个阶段：

1. 第一阶段——专业技术

最初的电视台技术体系是完全建立在传统的专业设备，如录像机、磁带机等基础上的，电视节目的制作、播出、存储等业务都需要使用这些传统的专业设备才可以实现。这些传统的专业设备尽管也由开始的模拟向数字化进行了转变，但从技术架构上而言，它们还是属于封闭方式的技术产品，功能比较单一而且基本无法进行数据和信息的交换，所以，这一阶段被称为封闭方式的电视台技术架构。

2. 第二阶段——专业技术 + IT 技术

在这个阶段，在全球各行业不断 IT 化的进程中，电视台相关技术平台正逐渐成为 IT 的一个部分。IT 技术中的服务器、工作站、网络、磁盘阵列等产品开始在电视台进行广泛的使用并且替代了一部分的专业设备，但是，专业设备仍然没有消失，在信号监测、传输放松等业务方面仍然占据着主流，所以，这一阶段又被称为半封闭方式的电视台技术架构。IT 行业的成熟度较高，还具有开放性，电视台相关技术平台与 IT 的融合，将促进电视台技术平台的开放和多元化，同时也会加快电视台相关系统和业务的整合。这一阶段的特点是电视台开始建设各种网络化的业务系统。

3. 第三阶段——IT 技术

随着 IT 技术的应用在电视台的不断深化，电视台全台业务也在逐步进行着调整和变革。节目生产系统从传统模拟对编到非线性编辑系统，再进一步到非线性制作网络；资料室的节目管理从传统模拟磁带库的人工卡片记录管理到计算机条码管理系统，再到媒体资产管理系统；播出系统从带播到盘带混播，再到现在的全硬盘播出。电视台各业务子系统的数字化变革带来了新的问题，各业务网络系统实施阶段不同，选用厂商不同，形成了相对封闭的"信息孤岛"，很难实现资源共享；各系统自成一体，无法实现统一管理，生产效率较低等问题逐步凸显。面向服务的体系架构（SOA 架构）在这个阶段应运而生。随着网络的飞速发展，人们开始开发各种应用系统接口，通过网络进行数据的交互和传递，将某几个系统应用进行集成，最终将各个应用系统连接起来，电视台各业务系统之间的信息和数据互联互通，所以，这一阶段又被称为互联互通方式的电视台技术架构。这一阶段的特点是电视台开始建设全台一体化网络平台。

4. 第四阶段——IT 技术 + 云技术

云计算技术具有超大规模、虚拟化、高可靠性、通用性、高可扩展性、按需服务等特点，通过虚拟化、自动化、标准化的手段，将有效提高电视技术系统的建设、运维和管理水平。随着广播电视行业三网融合的推动，云计算也迅速发展起来。目前，我国的电视台技术架构的发展正处于该阶段，这一阶段的特点是采用云计算、大数据、物联网、全媒体演播室、VR 等新技术，打造以媒体融合为中心的云平台，支持电视台的媒体发展转型战略，打造新型媒体集团。建成后的融媒体云平台将构建内容中心、用户中心来实现统一的运营管理，打通从内容汇聚到生产、管理、交易、发布、归档的全流程产业链，将内容的价值充分挖掘，依托"融媒体云平台"，电视台的节目内容不仅可以进行全球全终端发布，还可以在版权管理、内容交易、内容运营、大数据分析等方面进行应用增值。并且，未来将以公有云 + 私有云的混合云部署方式对云平台的架构不断进化，实现向互联网的节目发布及互联网的内容汇聚等业务功能。

（二）云计算对融合媒体发展的影响

1. 云计算的技术定义

美国国家标准技术研究院（NIST）认为云计算这一词汇的定义就是一种付费模式，并且这种付费模式是按照使用量来进行的。在这一模式下，人们可以很便捷地按照需求进行网络访问。然而，人们的网络访问结果内容都是通过可以配置的网络资源共享池获得的。那么，网络资源共享池都包含哪些内容呢？具体来说，网络资源共享地包含网络、服务器、存储、应用软件以及服务。在这一模式下，不用投入过多的管理工作，提供网络服务的供应商之间也不用进行过多的相互交互，就可以给人们快速地提供资源。

研究发现，云计算的计算模式不是在本地计算机上或远程服务器中计算，而是让计算分布在分布式的计算机上。这样，企业中心的运行将会与互联网更加相似。在这一模式下，企业能够了解可以将资源应用到哪一领域，然后根据企业的需求来访问计算机和存储系统。通过上述研究我们可以发现，运用云计算让计算能力实现了像煤气、水电等商品一样进行流通，不仅取得方便、用得方便，而且价格还低廉，其中最大的不同就是计算能力是通过互联网来进行传输的。

2. 云计算的技术特点

云计算这项技术拥有很多特点，主要包含以下几种：

（1）超大规模

云计算中的"云"代表着规模巨大。对一些网络公司进行调查，我们发现，Google公司云计算的服务器已经拥有100多万台，Amazon.IBM、微软、Yahoo等公司的云计算大概也拥有几十万台的服务器。一些规模较小的公司的云计算服务器也拥有数百上千台。由此，我们可以充分地了解到，"云"可以给人们带来十分巨大的计算能力。

（2）虚拟化

除了超大规模之外，"云"还有虚拟化的特点。那么，什么才是虚拟化呢？具体来说就是用户所请求的资源是虚拟的，不是实体的；也就是说，用户在任意的位置、使用任何终端都可以获取网络服务。在实际运行的过程中，用户不用了解网络运行的具体位置，只需要通过笔记本、手机等任意一个移动网络终端都可以获得他们所需要的一切信息资源。不仅如此，云计算还可以担任超级计算这样的任务。

（3）高可靠性

与其他计算服务器相比，云计算拥有超高的可靠性。这是因为"云"使用数据多副本容错与计算节点同构可互换等措施来进行保障，因此，云计算与其他计算机相比较更加具有可靠性。

（4）通用性

云计算还拥有不针对特定应用进行服务的通用性，也就是说，云计算不仅可以创造出千变万化的应用，而且还可以支撑不同应用的同时运行。

（5）高可扩展性

云计算的规模可以根据用户的需求和规模进行动态的伸缩。

（6）按需服务

云计算服务的管理模式也很简单，也容易被接受。在"云"这个巨大的信息资源池中，所有用户都可以像购买水、电、煤气一样，根据需求购买信息。

（7）极其廉价

云计算的容错特点可以给云计算提供廉价的节点来构成"云"，这样很多企业就可以使用自动化的集中管理模式，从而不用为维持企业的日常运营而支付高昂的数据中心管理成本。除此之外，云计算的利用效率相比原先传统的计算系统拥有大幅度的提升，效率的提升也就代表着成本的降低，因此，很多用户都可以享受云计算的低成本优势，在花费几天甚至几个小时的时间以及几百元的情况下，就可以完成原先几个月才能完成的任务。由此，我们就可以充分了解到云计算正在给我们的生活带来翻天覆地的变化。但是，我们需要注意的是，在使用云计算的时候，我们在注重经济效率的同时还要注重自然生态环境的平衡，只有这样才能全方位促进人类的进步与发展。

(8) 潜在的危险性

通过对云计算进行深入的调查可以发现，云计算不仅可以为人们提供计算的服务，还可以提供存储的服务。当前的云计算服务大部分都被一些私人企业所垄断，但是，这些企业只能提供一些商业上的信用，对于一些政府机构、银行机构来说，商业信用就存在一些问题。当前是信息的时代，信息在社会发展中拥有至关重要的作用，而且政府机构与银行机构拥有很多较为敏感的数据，这些数据关系着民生，因此，这些机构在选择云计算服务时需要保持很高的警惕性。但是，当前的云计算服务系统不管技术有多强大，都不可避免地有私人机构参与其中。因此，当前的云计算系统存在着潜在的危险性。除此之外，在云计算中，用户的个人数据对于其他用户来说是保密的，但是，对于提供服务的商业机构来说是没有秘密可言的。因此，云计算服务不仅对国家、社会存在潜在的危险，对个人也存在潜在的危险。所以，用户在选择云计算服务时一定要考虑安全问题。

3. 云计算的技术框架

云计算的核心是将计算资源、存储资源、网络资源以虚拟化和自动化的方式通过网络呈现。但是，除了技术实现手段外，它更多地体现为一种商业服务模式。从用户体验的角度出发，云计算具有由基础设施提供的服务（IaaS）、由平台提供的服务（PaaS）和由软件提供的服务（SaaS）三种服务模式，如图5-1-1所示。

图5-1-1 云计算服务模式示意

IaaS主要为用户提供计算资源、存储资源以及一些硬件设备的基础资源。换句话说就是，IaaS不仅向用户提供一些计算资源、存储资源等虚拟化的资源，而且还向用户提供网络宽带等基础硬件设施的服务。IaaS 可以在一些具有特定服务质量约束的条件下发挥出计算机与数据中心的能力，从而任意操作系统与软件。通过对其进行深入的研究，我们可以发现，IaaS 的使用主要分为两种，第一种是公共的，具体来说就是，在 Internet 上使用的是公共的服务器池；第二种是私有的，具体来说就是资源是从企业内部数据中心中的公共或私有服务器池中获得。在 IaaS 的环境中，使用者在使用计算机的时候就像是在使用裸机与磁盘，不仅可以让其运行 Windows，还可以让其运行 Linux。由此我们可以发现，其可以担任与完成用户想要完成的各项任务。除此之外，IaaS 还拥有动态申请、释放节点和按使用量计费的优点。

PaaS 在整个云计算的系统中占据着核心层的位置，其主要内容包含以下三种：第一种是并行程序的设计与开发环境；第二种是结构化海量数据的分布式储存管理系统；第三种是海量数据分布式文件系统以及实现云计算的其他文件管理系统，比如，云计算系统中的资源部署、分配、监控管理、安全管理等内容。除此之外，PaaS 还负责资源的动态与容错管理，因此，用户在使用程序时不用总是考虑节点与节点之间的配合问题。但是，凡事都有利弊，虽然用户在使用时考虑的东西少了，但是用户的自主权也会降低，也就是说在使用特定的编程环境时用户需要遵照特定的编程模型。然而，这一情况就导致平台服务提供商进入市场的条件变得很高。时代在进步，科技在发展，客户积累越来越多，需求也在逐渐增多，所以，一些提供 SaaS 的服务商开始在 SaaS 的基础上提供 PaaS 服务。

SaaS 具体来说就是为用户提供简单的软件应用服务以及用户的交互对接口。由此我们可以看出，SaaS 拥有很强的针对性，也就是可以把特定的应用软件封装成服务；具体来说就是，用户可以不用购买软件，而是根据自己的需要租用软件。租金一般是"全包"费用，也就是包含软件许可的费用、维护的费用以及技术的费用。

4. 云计算的技术应用

云计算拥有很多技术方面的应用，具体来说就是可以实现前端的统一管理，拥有超强的计算能力和超大的存储空间，所以，云计算在电视媒体推进与发展方面拥有很多重要的意义，主要包含以下三个方面：

（1）数据的高度可管性和可控性

云计算拥有最为可靠和最为安全的数据管理中心，拥有的数据始终在前端的云服务器中统一储存，用户授权的全部信息、节目信息会全部保存到高度设防的服务器群中。电视媒体机构只需要安排专门的服务器维护人员对其进行更新和防护，就可以实现前端全部数字电视业务的信息与数据的管理。

在信息融合发展的背景下，电视媒体不断地加强对互联网与电信网络的数据交流。但是，云计算技术有效避免了由于互联网的过度开放而产生的木马、病毒和电子诈骗等危险，从而让云计算更符合电视媒体的发展要求。

（2）终端设备投入成本最小化

另外，在当前电视媒体的经营模式下，由于地域的不同和品牌的不同，终端设备之间互通性差，再加上复杂的集成工作和升级工作，加大了运营维护的费用成本。这就导致了电视媒体的推广和应用受到很大限制，同时也降低了节目的收视率和用户黏性。举例来说，在某一种新型增值业务上市时，需完全替换新编号机顶盒，才能将现有的新型技术和功能发挥出来，但这样的模式就要花费非凡的人力和物力才能促进电视媒体的向前发展。

在此背景下，云计算就成为电视媒体发展的不二选择，云计算所拥有的超强计算能力，可以使终端设备的某些功能提前实现，也可以最大限度地减少对终端的设备要求。当云计算全面发展时，全部功能模块的整合、软件的升级，都是在"云端"的专用服务器组中实现与完成的，用户用最便捷的方式、最少的费用就可以享受到更多电视媒体业务所带来的无穷乐趣。与此同时，终端机顶盒无须不断地更新换代，也不再需要重新整合一大批模块，这样就可以极大地减少终端成本的投入。此外，"云端"还能为用户提供个性化服务，其原因是"云端"拥有存储容量大的功能，所以，终端用户可完整保存其自定义的节目，而且不需要担心机顶盒内部硬盘容量过小的问题。

（3）适合三网融合的发展需求

在电视媒体运营蓬勃发展的今天，三网融合政策推动，在今后，视频业务会形成跨领域、全方位的发展模式。所以，它会涉及不同用户终端之间的关系，也会涉及同一业务数据（视频服务等）和应用服务的共享问题。举例来说，我们在旅途中，可以用手机看篮球赛直播，回到家后，便可以运用切换功能，将正在观看的节目转换到屏幕更大的电视上去。要想实现这一功能就涉及电视手机服务对有关电视频道信息的抽取，如播放时间信息、用户认证信息等，通过捆绑用户设备之间的切换功能，提取与"云"关联的相应信息，然后转到机顶盒去验证，最后用机顶盒进行播放。这样就实现了基于移动互联网的"云视"终端与电视机端的无缝链接。终端用户不需要随身携带特殊设备，在与"云计算"服务相连接的任何一个客户端设备中，如机顶盒、智能手机等，都可以通过浏览器进行登陆，从而实现继续完成还没有看完的电视或者还没写完的论文。云计算的这一功能，使得三网融合之后，电视媒体的深度业务得到普及、跨网络的业务运营得以实现。在三网融合的大环境下，电视媒体的发展空间无限广阔。

（三）大数据对融合媒体发展的影响

1. 大数据的技术定义

关于大数据有关研究机构给出了如下定义：大数据是一个新的可以处理信息资产的工具，具有更强的决策力、敏锐的发现力和优秀的流程能力，可以更好地处理海量、高增长率的信息化资产。

除此之外，麦肯锡全球研究所也对大数据给出了相应的定义。具体来说，就是这种数据工具与原先传统的数据工具相比拥有很多的优势，这个数据工具可以获取、存储、管理、分析各个方面的内容和数据，不再是原先传统数据工具中那种只是简单地对数据进行集合处理。大数据具有数据规模大、数据流转速度快、数据价值高、价值密度低四种特征。

大数据技术所具有的战略意义并不是对海量的数据信息进行占有，而是要专业化地处理这些含有一定意义的数据信息。从另一个角度来看，如果将大数据比喻为一个行业，那么，这类行业能否获得利润是最为重要的，但提高利润的关键在于增强数据的"加工能力"，也就是通过"加工"让数据"增值"。从严格意义上讲，大数据和云计算之间的联系如同一枚硬币的正反两个方面不可分割。但是，大数据的处理不可能只用一台计算机来完成，所以分布式的架构势在必行，其特点就是可以分布式数据挖掘海量数据集。但是，只有依靠云计算才能进行分布式处理，要拥有分布式数据库以及云存储、虚拟化技术等。

随着时代的进步与发展，大数据已经成为时代的潮流，很多人都对其进行关注。当前有关分析领域的人士对其进行研究发现，大数据（Big data）常被用来描述一家公司所产生的海量非结构化数据和半结构化数据，当数据被下载至关系型数据库中进行分析时，就会耗费过多的时间和资金。一般情况下，大数据分析与云计算挂钩，由于对大规模数据集进行实时分析，因此需要一个 MapReduce 框架（一种计算编程模型）才能对几十、几百甚至上千台电脑指派任务。大数据还要有专门的科技，以此来有效应对海量容忍时间内的数据。这个技术包括大规模并行处理（MPP）数据库、数据挖掘、分布式文件系统、分布式数据库等，云计算平台，互联网以及可扩展的存储系统。

2. 大数据的技术特点

大数据技术是指从各种各样类型的巨量数据中，快速获得有价值信息的技术。解决大数据问题的核心是大数据技术。目前，所说的"大数据"不仅指数据的规模，也包括采集数据的工具、平台和数据分析系统。大数据研发目的是发展大数据技术并将其应用到相关领域，通过解决巨量数据处理问题促进其突破性发展。因此，大数据时代带来的挑战不仅体现在如何处理巨量数据并从中获取有价值的信息，也体现在如何加强大数据技术研发，抢占时代发展的前沿。

要想对大数据拥有一个较为深刻的理解，就需要从"大"这个方面来入手，大数据中的"大"就是指数据的规模大，具体来说，大数据就是指拥有10TB（1TB=1024GB）规模以上的数据量。但是，大数据又不仅仅是指海量的数据，还与原先的海量数据拥有很大的区别，其技术特点总的来说可以包括体量大

（Volume）、多样性（Variety）、价值密度低（Value）、速度快（Velocity）这四个方面。下面对这四个方面进行详细的介绍：

（1）Volume

体量大就是指数据拥有很大的体量，从 TB 上升到 PB 级别。

（2）Variety

多样性，也就是指数据拥有多种类型，如网络日志、视频、图片等信息。

（3）Value

指的是价值密度低、以视频为例，在日常生活中的连续不断的监控中，有用的视频可能只有短暂的一两秒。

（4）Velocity

速度快是指数据的处理速度很快，比如 1 秒定律。但是，大数据的数据处理与传统的数据挖掘在本质上拥有差别，具体来说，大数据是物联网、云计算、移动互联网等各个角落、各种各样的传感器，同时也是数据的来源和承载方式。

3. 大数据的技术框架

大数据主要包含三个方面的数据内容，具体来说就是结构化的数据内容、半结构化的数据内容和非结构化的数据内容。非结构化的数据内容越来越成为数据内容的重要组成部分。研究发现，大数据就是互联网发展到当今时代的结果。通过各行各业对其的不断创新，大数据会不断地为人类创造出更多的价值。

想要全面的了解大数据，就需要对其进行细致的分析，具体来说应该从以下三个方面来对其进行分析：

第一，要先对理论进行深刻的分析与了解，在日常生活中，我们可以发现，理论是获得所有认知的必经途径，也是知识被广泛传播与认同的基础。所以，要想对大数据有一个深刻的了解，就需要先对大数据的理论有一个深刻的了解，具体来说就是对大数据的价值进行深入探讨，深入洞悉大数据的发展趋势。

第二，研究发现，技术是大数据前进与发展的基石，所以，了解大数据的第二个方面就是对技术进行深入的了解。有关大数据的技术包含云计算、分布式处理技术和储存技术。

第三，对大数据的深入还包含对实践的探究与了解，大数据的最终价值体现就是实践。日常生活中的互联网大数据、政府的大数据、企业的大数据都是大数据的美好景象与蓝图。

4. 大数据的技术应用

在大数据时代，不管是大众化的定制服务，还是分众化的精准推送服务，都为人们带来了诸多便捷。大数据时代的到来，对传统的电视传媒业态产生着深刻的影响。作为大数据与新闻的结合，数据新闻应运而生。在大数据的应用上，一些媒体已经在不断开发新的工具，来满足数据新闻的需求。比如，英国《卫报》、美国《纽约时报》不仅在扩展自己的数据库，而且在技术上也为用户提供了许多可能，尤其是开源的方式，既给用户提供了工具，也为用户带来了丰富的数据。数据新闻的可视化互动表现手法提升了新闻的表现力，拓展了新闻的深度。因此，对于新闻人而言，用数据说话和用图说话，将变得与新闻写作同样重要。

大数据对新闻生产环节的影响还体现在机器开始参与新闻报道。计算机承担了本属于新闻记者的报道任务，这在美国 Narrative Science（叙事科学）公司训练计算机编写新闻报道中有明显表现。该公司运用 Narrative 算法，使计算机每隔 30 秒左右就能撰写一则新闻报道，从新闻数据的采集、报道模式的确立到词汇语句的使用都由计算机程序控制完成。尽管对于机器人能否替代专业新闻记者还存在很大争议，但由此也可以窥探出，大数据已经覆盖了从新闻信息采集到加工生产的方方面面。

大数据在传媒行业应用的另一个表现就是网络舆情方面的应用。在大数据技术的帮助下，公众的意见、态度、情感等原来难以捉摸的内容也可以数据化，这使得网络舆论的研究更加精准。不仅如此，由于社会关系已经在互联网上进行了充分展开，因此，对公众舆论的研究就可以与社会关系等因素联系起来。这无疑对于提升舆情研究和服务水平具有重要价值。

个性化新闻订制也是传媒业对于大数据应用的新发展。网络信息的爆炸性与受众注意力的有限性，决定了用户只会根据自己的习惯和爱好选择有用的信息内容，这便意味着大众媒体那种"一厢情愿"的信息传播方式将成为过去，而个性化新闻将吸引更多的受众。大数据的理念为个性化新闻的生产提供了广阔的思路。由于人们在上网浏览信息的过程中会留下"足迹"，即浏览数据，因此，只要对一位受众固定IP地址或同一终端浏览器上的所有浏览数据或相当长时间的浏览数据进行分析，便可获知其上网习惯、喜好等。根据这些数据，在最合适的时间以最恰当的方式向他推送其最感兴趣的、满足其个性化需求的新闻，已经成为传媒产业发展的一个方向。

信息海量化只是大数据时代的一个表象特征。对于电视媒体而言，如何从数据中发现新闻价值，如何将数据转化为通俗易懂的可视化新闻，如何用数据指导日常生活和实践，如何挖掘数据背后更深层次的价值，才是电视媒体在大数据时代所要应对的挑战。

（四）物联网对融合媒体发展的影响

1. 物联网的技术定义

物联网（Internet of Things，IOT）就是依托射频识别（Radio Frequency IDentification，RFID）技术与设备，根据约定协议把任何东西都接入互联网，以此来实现通讯，而这就形成"物物相连互联网"，从而实现物品信息的智能识别与智能管理。在科技与应用日益发展的今天，物联网也得到了延伸。当前行业内公认的物联网就是指使用RFID、红外感应器、全球定位系统、信息传感设备进行联网，然后依靠通信网络来实现信息的传输与互联，同时，使用计算设施和软件系统来处理信息、挖掘知识，最后达到人与物之间的信息交互、事物之间的信息交互，生产生活之间的信息无缝对接，从而实现物理世界的实时控制、精确管理和科学决策。

2. 物联网的技术特点

物联网是建立在互联网、传统电信网和其他信息的承载体基础上的，可以使一切可以独立寻址的一般物理对象形成互联互通，这在新一代的信息技术中占有举足轻重的地位。随着时代与科学技术的不断发展，物联网技术也在不断进步与发展，并且发展得十分迅速，拥有广阔的应用前景。从本质上看，物联网实现物与物以及人与物之间的信息传递与控制，是全球动态网络的基础设施。由此，我们就可以发现物联网技术是一项涵盖信息获取、传输、存储、处理直至应用全过程的综合性技术，这项综合技术的关键内容就是对传感器与传感网络技术的提升与发展。但是，这两项关键技术根据侧重点的不同和划分标准的不同又包含以下四种技术：

（1）标签物品的 RFID

标签物品 RFID 又称为信息采集技术，是物联网得以实施的基础。随着信息技术与通信技术的结合，标签物品逐渐成为一个重要的研究领域。信息的获取主要是通过电子标签和传感器来实现。其中，传感器作为一种新型的非接触式传感器件被广泛应用于信息采集领域。就感知技术而言，电子标签是标准化标识所收集到的数据，而数据采集与设备控制则是由射频识别读写器、二维码识读器等实现的。

（2）感知事物的传感网络技术

在物联网机器与机器、机器与人之间传递信息的过程中，通信技术的选择范围很广，主要分为有线（如 DSL、PON 等）和无线（如 CDMA、GPRS 等）两大类，并且这两项技术都比较成熟。在实施物联网过程中尤为重要的是无线传感网技术。

（3）思考事物的智能技术

物联网是由大量的传感网节点来构成的。所以，在对信息进行感知的过程中，运用各个节点来对数据进行传输，然后再汇聚到节点之中是无法实施与进行的。这是因为在互联网中存在许多多余且复杂的信息。对于这些信息的处理就会对更多的带宽设备与能量资源造成浪费，与此同时，还会影响信息的收集效率，使得信息采集的效率与及时性都会有所降低。如果想要改变这一问题，就需要我们对数据的融合与智能技术进行处理。

那么，什么才是数据融合呢？具体来说就是，把多种数据和信息进行处理，然后把数据组合成高效率并且符合用户需求的过程。但是，这个过程需要对信息进行智能分析与控制，因此，要想完成这项任务就需要拥有先进的软件工程技术，以便实现物联网中信息的储存与快速处理，并把结果反馈给物联网中的各个部件。

智能技术就是为了达到某种效果与预期，可以对知识与信息进行分析的所有方法与手段的总称。在物体中植入一些智能系统可以让物体具有一定的智能性，从而实现物体与用户的流畅沟通。

（4）微缩事物的纳米技术

纳米技术是研究尺寸在 0.1～100 纳米的物质组成体系的运动规律和相互作用以及可能实际应用的技术。目前，纳米技术在物联网技术中的应用主要体现在 RFID 设备、感应器设备的微小化设计、加工材料和微纳米加工技术上。

3. 物联网的技术框架

物联网（Internet of Things）就是指在互联网、传统电信网、有线电视网的基础上形成的信息承载体，以此来实现独立的普通物理对象之间的互联与互通。物联网具有以下三种主要特征：一是普通对象设备化，二是自治终端的互联化，三是普适服务智能化。

对物联网的结构进行研究，我们可以发现，不同的机构与企业对物联网的划分都是不一样的，有的企业将其分成了 3 层，有的企业将其分成了 6 层，甚至美国的 IBM 公司将物联网划分成 28 层。如表 5-1-1 所示，物联网可以分解成 5 层，分别是感知、网络、信息处理、应用、运营管理，与此同时，表中还列出每一层所涉及的相应的关键技术。

表 5-1-1 物联网体系结构和技术框架

层级	功能	关键技术
第 5 层 运营管理	运行、维护、计费、监管	网管技术、计费技术，监测技术
第 4 层 应用	解决方案	各种行业应用

续表

层级	功能	关键技术
第3层 信息处理	与感知终端有关的 信息处理	中间件系统 数据处理与分析 智能处理算法 云计算等
第2层 网络	互联网、有线电视 网络、电信网络、 家庭网络等	总线技术通信，如RS485总线、USB总线、现场总线、CAN总线等 RJ45（网口）接口通信，如双绞线 家庭网络技术 短距离无线通信，NFC、WAPI、WiFi、WiGig、Bluetooth、HomeRF、IRDA、UWB、ZigBee、IEEE 1451（网络化智能传感器标准）等 移动通信，GSM、GPRS、CDMA、3G（TD-SCDMA、CDMA2000、WCDMA）、4G（TD-LTE）等
第1层 感知	采集物体状态信号；模拟信号，数字信号	传感器芯片及技术；二维码、条形码 MEMS等

4.物联网的技术应用

物联网为分层系统架构，由用户端的感知设备（或者终端接收设备）、传输网络、后端处理和分析平台（或者业务平台）的应用组成，参与者不仅包括事物，还包括人员。由此也就可以看出，物联网的终极目的就是实现人和人之间、人和物之间、物和物之间的信息交互与链接，从而满足广大群众的物质和文化生活需要。从这一观点来看，广播电视网络就是一个高端的物联网，是通过数千万个的数字电视机顶盒、家庭网关、多媒体终端、移动终端电视网络连接起来，从而对用户实现交互视频、视频共享、实时多媒体通信、数字家庭、智能家居等多种应用，最终实现物联网的高端应用。

（1）交互视频业务

交互视频业务就是当用户想观看电影大片的时候就可以使用电视的点播服务，点播出自己想看的内容。除此之外，这一业务还可以实现用户在观看电视的时候，可以随时暂停节目内容，以及暂停后随时继续的功能。这一业务还有节目时移服务，具体来说就是，用户可以通过电视回放的功能把最近播放的自己想看的电视节目补上。如果用户对电视节目里出现过的东西或主人公的衣服感兴趣，还可以从节目或者频道提示中获取关联信息，了解物品信息、价格，从而实现对物品的购买。这些功能都可以用内容/频道关联业务实现。对于体育比赛、文艺演出以及其他直播节目，用户可以自己成为导播，选择自己想看的运动员与演员的镜头，甚至还可以切换到大屏幕进行播放。这就是一种多视角的镜头切换操作。当观看竞技、娱乐竞选之类的直播节目时，用户还可以用遥控器对电视机进行投票，也可以参与竞猜，甚至还能参与电视台主持人与导播之间的实时互动。

（2）多媒体通信

多媒体通信业务主要涉及话音业务、高清/标清视频通信（可视电话）、高清/标清视频会议等。话音业务就是广电宽带多媒体网络用户通过外网实现对电信用户的话音通信，在整个通信过程中，用户具有完整的交互控制能力。高清视频会议与视频通信的方式可以将网内的两个或更多的用户联系在一起，从而实现多点之间的话音、图像与数据实时通讯。高清视频会议支持的画面比例是16∶9，1920×1080高清晰度分辨率编码可以发送视频信号，从而使得用户通过全国各地支持的高清电视机进行观看。

（3）视频监控

视频监控业务是通过安装于用户住宅或者城市中的摄像头获取的视频数据，通过广播电视宽带网络，可以将用户与各个监控摄像头相互连接，同时，也可以提供加密的视频监控功能与录像存储回放功能，确保信息数据的安全。此外，视频监控业务也可以与安防业务相配合，当接收到安防系统发送的报警短信或者提示时，用户可以远程观察家里的摄像头，对报警位置进行观测，查看情况。这项视频监控的功能可以为政府、企业、小区、家庭以及其他用户提供监控信息的收集、监控信息的传递、监控信息的存储以及监控信息分析等，同时，还可以用于平安城市、平安社区、企业安防、家庭安防、城市交通、城市管理、环境监测等领域。

（4）智能家居

智能家居功能可以将家中的冰箱、洗衣机、灯光、电动窗帘等设备连接起来，形成家中内部的联网环境。具体来说，就是对于家中的水／电／煤炭量，用户都可以利用广播电视宽带网络，远程操纵家庭电器设备，从而达到家用电器之间、家庭内部与家庭外部、家庭与用户之间的互联互通。

那么智能家居主要包括可视门铃、智能闹钟、智能化的背景音乐、智能化窗帘等，主要就是将用户的住宅作为平台，同时，具备建筑，网络通信和信息家电等功能，打造集系统、结构、服务、管理于一体的，有效、舒适、安全、方便、环保的居住环境。智能家居支持对各种家电进行远程监控和管理，包括智能家电的设备控制，如灯光控制、电动窗帘控制、空气新鲜系统、消防火灾监测及喷淋系统以及空调系统等，从而帮助用户合理、高效地安排时间，保障家居生活安全，节省各项能源费用。

（5）家庭医疗

家庭医疗功能就是把医疗检测仪器所收集的血压、心率和心电图等身体状态信息及数据，通过广播电视网络传送到社区医院或医疗机构的管理系统中，这时医院中的管理系统就会对这些数据进行统计与分析，从而时刻了解患者的病情，进而对治疗方案进行适时调整，实现患者在突发疾病的情况下能够得到及时的抢救与救治。

（6）数字家庭

数字家庭就是人们对未来生活的一种憧憬，主要包含传递信息、通信、娱乐和居住等功能。以广播电视网络为依托，建设数字家庭就是围绕电视机屏幕展开的，目的就是向住户提供各种服务，把网络作为传输的通道，将物联网技术和电视业务平台进行融合，涉及多媒体通信、家庭医疗、视频监控、智能家居、宽带上网等领域，从而让人们不出家门，就能更方便快捷地获取信息，让人们在居住的过程中不仅拥有舒适性，还拥有娱乐性。

（五）全媒体演播室对融合媒体发展的影响

1. 全媒体演播室的技术定义

全媒体演播室的概念最早出现在美国有线电视台新闻网（CNN）美国总统大选的直播中，是迅速在全球电视媒体领域得到广泛使用的一种新型演播室技术。全媒体演播室是建立在传统演播室基础之上的整体包装，核心的理念：运用多种电视技术手段为电视栏目提供支持；核心技术是大屏、虚拟图文的全面应用，让观众全面地、多角度地走进电视栏目内容。那么，什么才是"全媒体"？全媒体具体而言就是把文字、图形、图像、动画、网页、声音和视频等内容，经过一些媒介（广播、影视、音像等），融合广电网络、电信网络和互联网网络进行传播，从而让用户实现电视、电脑和手机等多种终端的信息接收。

2. 全媒体演播室的技术特点

研究发现，全媒体演播室主要就是运用高清视音频技术、互联网技术、通信技术等综合的媒体传播交流形式，如 3G 视频传输、网络播出和互动等，实现了电视直播的演播室不再是从传统的广电网获取资源，而是扩展到在互联网中实现全媒体的采集、制作与发布，同时还可以让电视不受时间、地点的限制，从而让不同的数字终端广泛参与互动，向全天、全程的方向发展。所以，全媒体演播室需要拥有支持各个媒体之间直播互动、跨域互通等特点。全媒体演播室的特点主要包含以下四种：第一种可以支持多媒体采集、多平台发布；第二种可以对内容进行高效备份，从而对全天候的直播进行储存；第三种可以实现移步换景，演播室中的 360° 全景，每个地方都是背景；第四种可以对高清、标清的信号进行兼容。

3. 全媒体演播室的技术架构

全媒体演播室是以多种媒体技术为载体的运用，在全媒体网络上进行信息整合、节目制作、内容发布等，是该网络的核心单位。因此，对于全媒体演播室来说，其信号源和内容发布方式都必须与之相适应，这样才能更好地满足不同受众群体对电视节目质量、播出时间等各方面的需求。该系统信号源不再只是来自传统广电域，还收集了包括电信、移动 3G、IP 互联网等各类网络终端媒体发出的信号。因此，在传输过程中，除了要考虑音频、视频的质量外，还要兼顾其他方面的要求。类似地，系统的内容也应该是在多个平台上进行发布。这样系统节目信号既传输至传统广电网络，又向 CMMB 网络以及移动和 IP 网络中的网络电视台和手机 WAP 网站上进行传播，从而实现跨区域的多媒体互联互通。

4. 全媒体演播室的技术应用

（1）创新设计全媒体互动中心

所谓"全媒体"，就是在资讯、通信和网络技术深度融合的结果，也是媒介形态中最为崭新的传播形态。从本质上来说，"全媒体"不是固定、单一的模式，而是一种开放并且不断兼收并蓄的传播形态。伴随着高带宽的供应，技术也在不断扩展，当前 4G 网络已经研究成功。随着技术的不断发展，还会增加很多出人意料的传播形态。为此，我们设计出一套全媒体互动中心，这个中心具有相对独立性、开放性的特征，同时还实现了系统内各类新媒体的集中管控，也是拥有一个系统的新媒体访问入口，从而便于持续引进新媒体访问。

（2）城市交通信息实时接入管网监控系统

全媒体演播室系统能够通过光纤网络，把城市各个交管局中的交通数据等实时交通信息、路口监视图像信号等信息进行采集与处理，再通过全媒体演播室的形式将信息传播出去，从而向观众提供最新鲜、最快捷的道路交通实时信息。

（3）多媒体发布

全媒体演播室节目不只是在常规有线网上播放，还进入移动数字电视领域，以及在互联网上播放。对其进行研究可以发现，对每个编码器压缩率和编码品质进行调节，可以让不同数字终端均能接收到良好的画面效果。

（六）VR（虚拟现实）对融合媒体发展的影响

1.VR（虚拟现实）的技术定义

虚拟现实技术是仿真技术中一个重要的发展方向，集仿真技术、计算机图形学、人机接口技术、多媒体技术、传感技术、网络技术等多种技术于一体，这是一个充满挑战的交叉技术前沿性学科与领域。随着科技发展和人们对生活质量要求的不断提高，虚拟现实技术已经被广泛地应用到各个领域。虚拟现实技术（VR）主要包括模拟环境、感知、自然技能与传感设备等。感知即感觉到真实世界中存在或发生的事情，包括视觉感知和听觉感知两大部分；自然技能就是指人体头旋转、眼、手势等人体行为动作，通过计算机来处理参与者行为上的数据，同时及时对参与者的动作进行反馈；而这个传感设备指的就是三维交互设备。

2.VR（虚拟现实）的技术特点

虚拟现实技术就是将多种技术相结合，具体来说有实时三维计算机图形技术、大视角（宽视野）立体显示技术、追踪观察者头部、眼睛、手等部位的技术，以及触觉/力觉反馈、立体声、网络传输等技术。

（1）实时三维计算机图形

相比之下，用计算机模型生成图形图像的难度并不大。如果模型足够精确，时间充足，就能在不同光照的情况下，对各类图像进行准确影像，生成的重点和难点是实时的。对于一个实际应用来说，因为要处理的对象非常庞大，计算机的内存又十分有限，所以就需要采用一定的技术来实现实时绘制。比如，在飞行模拟系统中，影像的刷新就颇为重要。除此之外，这对于图像的质量也提出了更高的要求。因此，在这十分复杂的虚拟环境中，图形、图像的形成变得越来越困难。

（2）显示

人们在观察身边周围的事物时，两只眼睛的位置是不同的，所以获取的信息也是不同的。这些信息进入脑子当中后就会进行融合，形成一个对周围世界的影像，这些场景里包含着很近的信息也包含着很远的信息。当然，这些距离信息还可以通过很多方式获取，如眼睛焦距远近、物体大小对比等。

双目立体视觉对 VR 系统的应用起到了巨大的促进作用。由于人眼具有双眼单视特性，当我们用两台计算机来实现虚拟现实时，可以使用一台计算机作为显示终端，另一台计算机作为处理平台。两台计算机分别生成使用者两眼所见的不同画面，可以同时在各种显示器中进行展示。为了提高观看效果和增强真实感，人们针对双目立体视觉提出很多方法，其中就包括利用立体匹配来获得两幅或多幅图像间的视差图技术。虽然有些系统使用的是一个显示器，但是使用者在戴上专用眼镜之后，一只眼就只看奇数帧的画面，另一只眼只看偶数帧的画面，奇偶帧之间的差异就会形成视觉差，形成立体感。用户的跟踪：在人造环境下，每个物体都有一个自己的位置与坐标，用户在这个人造环境下也是如此，用户所看到的场景与用户的动作有密切的联系，也就是环境会根据用户头的位置与方向来确定。

（3）声音

人们可以较好地判断声源方向。在水平方向上，我们可以依靠声音的相位差与强弱来判断声音的走向，这是因为声音传到两耳的时间是不同的。一般情况下，普通立体声效果就是通过左耳和右耳所听的不同部位录下的不同声音来实现的，因此会产生一种方向感。在现实生活中，脑袋在旋转的时候，人所听的声音方向也会随之发生一些变化。但是，在 VR 系统中，声音的走向不会受使用者头部的移动的影响。

（4）感觉反馈

在一个 VR 系统中，使用者可看到一个虚拟的杯子。这个杯子看起来就像一只真实的杯子。但当使用者想要触摸这个杯子的时候，双手会没有真正的触杯感，并有可能会穿过虚拟杯子的"表面"，而且这种情况在现实生活中是没有办法做到的。因此，如果要想让使用者的手指与虚拟杯子之间产生相互作用力，就必须使用一种类似于手套一样的东西。这个手套可以让人感受到触觉是由于手套内层有一些能震动的触点可以来模仿触觉。

（5）语音

语音的输入和输出对于 VR 系统来说同样是至关重要的。语音的输入需要虚拟环境能够理解人类语言，并且能够实时与他人进行互动。由于人类在说话时存在着许多差异，这些差异导致人类在进行沟通时会出现理解困难的问题，所以，要想让计算机辨识出人类语音，就存在着相当大的困难。与此同时，我们还发现，语音信号与自然语言信号具有"多边性"、复杂性等特点。

3.VR（虚拟现实）的技术应用

在新技术不断刷新人们视听新体验的今天，以文字、图片为主要手段的传统新闻报道方式已经难以再对其受众尤其是年轻人产生强大的吸引力。传统媒体也一直在探索以新的传播方式来激发受众的关注，寻找行业蓝海。VR技术的出现给媒体提供了新的传播视角和方式，受到媒体的追捧也就不让人意外了。在国外，YouTube等流媒体平台纷纷支持360度视频，《纽约时报》、BBC、ABC News等知名传统媒体也纷纷试点"VR+新闻"的呈现形式。

2014年，BBC和BDH（英国一家做数字设计和制作的服务机构）联合推出了一款手机应用程序War of Words。该软件以第一次世界大战为主题，将著名战地诗人Siegfried Sassoon的诗《The Kiss》进行VR可视化处理。2015年，BBC与英国虚拟现实内容开发商REWIND工作室合作，制作了360度全景VR技术拍摄的真人秀节目《Strictly Come Dancing》，并大受观众欢迎。

2016年的两会期间，VR技术成了国内媒体人的新宠。据不完全统计，在该年的两会报道中，《人民日报》、新华社、央视、光明网、中青网、新浪新闻、网易新闻、澎湃新闻、《财经》杂志、优酷土豆、乐视网等都采用了VR技术。报道者通过VR设备（全景相机、VR眼镜等）录制并上传两会现场视频到网站或微博、微信。当观看者也使用VR设备进行观看时，便会获得仿佛置身会场的立体空间体验。而在这之前，在2015年"9·3"阅兵报道中，新华社全媒报道平台就采用了VR报道形式；腾讯新闻则在阅兵期间，利用3D虚拟技术实现了移动端视频直播厅的互动体验。此外，视频网站也在纷纷"打VR牌"，如爱奇艺上线VR频道，部分内容可以用VR设备观看。芒果TV尝试将旗下综艺节目通过VR技术播放，并上线了《我是歌手》VR专区。

二、电视台融合媒体平台技术架构分析

（一）电视台融合媒体平台总体业务规划

面对融合媒体业务，首先应对该业务的运营模式进行分析，确认该业务面对的用户对象；然后在此基础上对该业务的管理模式进行适配，确认该业务运营状态下是否需要建立统一指挥调度的机制；再次根据上述结果整合相应的业务流程，确认流程的关键节点和先后运营次序；最后，在此基础上，以数据处理为核心，采用相应的技术平台加以实现（如图5-1-2所示）。

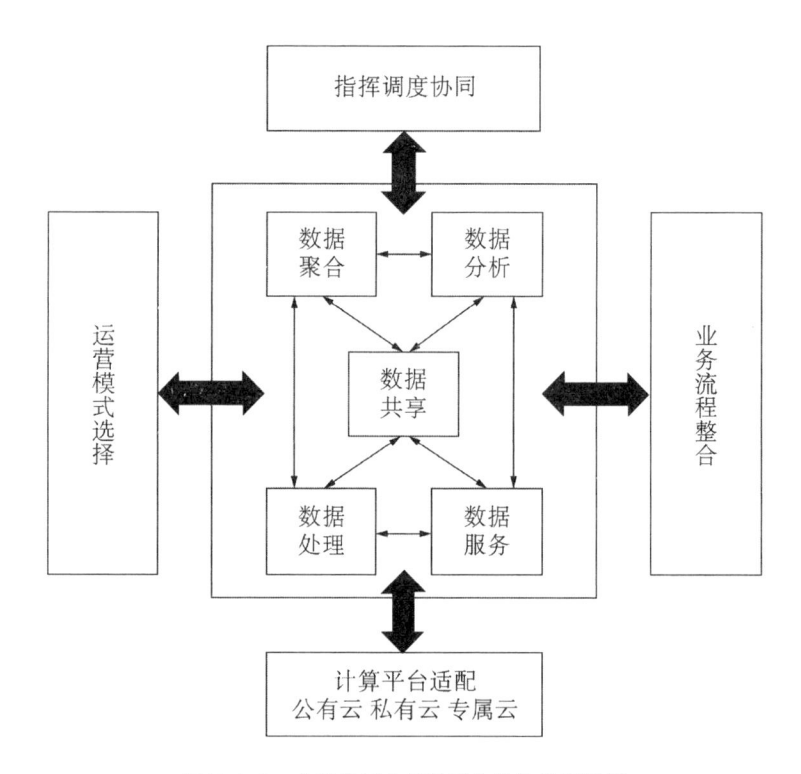

图 5-1-2 电视台融合媒体平台总体业务规划

（二）电视台融合媒体平台总体业务流程

建设电视台融合媒体平台，应以融合媒体战略为引领，实现传统媒体与新兴媒体的优势互补、一体发展。在业务流程上，主要有以下几个环节：

1. 内容全方位采集

实现内部和外部多种媒体资源按照标准接口规范统一汇聚到全媒体内容管理。

2. 内容全方位管理

运用大数据、云计算技术对汇聚的内容进行智能编目、智能整理、智能分析，为内容生产和发布提供智能化、个性化的服务。

3. 内容全媒体生产

实现在多种网络环境下，利用多种生产工具进行内容生产。

4. 内容全业务发布

可建立便捷的内容发布手段，覆盖互联网、移动互联网以及传统有线、无线、卫星等发布渠道。

5. 业务全平台管控

根据业务规律，统筹调度各种资源，智能、高效地配置生产流程，同时对生产、分发等多个环节的运营数据进行分析，并建立完善的安全体系。

6. 用户全方位服务

要想将电视中播放的内容转变成产品，将观众转化成用户，就需要融合媒体平台不断提升自己的传播能力和服务用户的能力，让平台中对观众的内容服务一直存在。

与此同时，还需要不断适应正在转变的产业格局，及时对产业格局进行快速的部署与调整，从而形成和培育出新的产业形态，创造出新的市场，从而满足融合媒体业务的高速发展需求。

（三）电视台融合媒体平台云模式选择

融合媒体平台架构的演进将由政策方向、云标准化程度、应用软件的云化过程、网络带宽与计算能力的变化、电视台发展状况等多种复合因素来决定。从整个台网的角度看，它所涉及的业务具有封闭运行的特点，因此，建设私有云是一种必然的选择。但是，融合媒体平台云化要更加具有开放性，如何充分挖掘公有云资源，从而更加接近互联网、移动互联网来支持业务需求，这是在构建融合媒体平台进程中，必须要思考的内容。同时，为更好地建立公有云下电视台的特色应用，并保证电视台的内容安全，打造专属云模式是十分有必要的。

1. 公有云

公有云服务，就是指借助专业厂商搭建的基础设施进行电视台的业务与应用系统的构建。公有云为电视台业务应用提供了一种具有弹性，又具备低成本、高效益特征的解决方案，从而让电视台能够更加灵活、及时地应对业务中的各种需求与变化。

2. 私有云

私有云服务，是指电视台通过自主建设方式建设的一种业务与应用系统。电视台使用私有云服务，更能掌握云的基础架构与应用，同时，还可以保留传统数据中心的可控性、可信性、可靠性和安全特性。所以，无论是业务应用还是内容安全，都是由电视台的业务系统来组织管理的。但是，我们发现私有云中也有公有云的服务品质、表现和弹性应用等优势，并且还能时刻提高安全性和弹性。

3. 专属云

专属云服务融合公有云和私有云的特征与优点，使用一个物理孤立的专属资源池，由专业厂商对其进行施工、运行与维护。专业厂商被特定的用户所专用，通过用户专属的计算、网络与存储资源，控制关键的服务和数据，从而可以在更大范围内实现可管理、可控制的专属云服务。那些安全性要求高、系统稳定运行要求高、对资源利用灵活性需求大的操作也同样适合。

（四）电视台融合媒体平台总体框架及建设要求

计算资源、存储资源、网络资源通过虚拟化与自动化的方式来对网络进行提交是云计算的核心。当其与技术手段进行比较的时候就会发现，云计算更多体现出的是一种商业模式。在广电融合媒体平台中，我们应该运用全局化的思路来配置云架构，详细地说就是要从纵向与横向两个方面为用户提供云服务。从纵向的角度来看，广电云架构具有三层的体系架构，同时还体现出云的基本特性与其他行业接近；从横向的角度来看，广电云架构会采用"公有云、私有云和专属云"

三云互动的方式进行融合媒体平台建设，以便满足生产融合的效果，以及互联网间融合的目标。

1. 自建媒体私有云

媒体私有云具体来说就是把整合台内的现有资源作为基础，不再使用原有的全台网架构，而是使用云架构进行代替，这样不仅可以提升内容的生产能力，同时还可以满足融合媒体的业务转型的需求。与此同时，我们还发现媒体的私有云是依靠电视台进行建设与运营的。

（1）整合台内有效资源

在整合台内的有效资源时，我们应该逐步将台内的设备资源、有效资源整合起来，否则是无法将台内的系统顺利平滑的过渡到云计算的体系当中的。因此，整合台内的有效资源具体来说就是要根据自身现有的特点，尽可能地利用台内所拥有的系统和设备，在不间断满足业务的情况下，进行分步实施整合。

（2）构建技术支撑体系

对私有云进行建设的时候，最主要的就是对私有云进行能力的构建，在各大厂商对私有云提供的基础能力的基础上，利用开放的接口为用户提供服务。经过研究发现，当前各个厂商所提供的能力都是具有共性的，当在面对其他不同的业务的时候就需要依据自身的能力对其进行调用，从而进行能力的串联与封装。

（3）提高节目生产能力

对当前建立的自媒体私有云进行观察时可以发现，当前全台网系统采用管道式的建设方式，拥有各版块相对独立的特点，相互之间的交互主要就是通过ESB、EMB进行的。因此，该系统拥有效率不足、资源难以共享的问题。想要解决这一问题就需要把融合媒体作为自身的业务需求，把台中的节目作为根本的生产力，从而在节目中打破内容交换的瓶颈，以此来实现资源的融合与效率的提升。

（4）支撑媒体融合业务

媒体私有云的建设不仅需要满足传统制播业务的需求，同时还要满足融合媒体的需求，只有这样才能使面向互联网的节目生产分发与其他新的业务获得满足。

但是，媒体私有云不能盲目对业务进行扩展，而是应该根据自身的情况来对业务进行扩展，有时可能还需要与社会公有云进行联结来满足更多的融合需求。

2. 利用社会公有云

随着时代的进步与发展，我国很多提供云服务的企业开始向社会提供公有云服务。如果电视台想要更加适配电视业务的需求、对技术拥有保障的能力，也可以对其进行直接购买，同时，还可以在共有云基础设施的基础上构建一些更加符合自身特征的融合媒体业务。研究发现公有云主要包含以下四个方面的内容与作用：

（1）适配电视业务需求

研究发现，要想将融合媒体的业务进行有效的扩展就需要与互联网进行融合，同时还要借鉴公有云上的各种各样的服务，从而做到以用户为中心的业务扩展。与此同时，随着时代的不断发展，公有云的服务内容不断增加并扩展，电视台需要保持良好的、开放的心态根据自身的情况对公有云的业务进行购买。

（2）提供技术保障能力

针对公有云的业务，电视台只要直接买来用就可以了，不需要再对构建基础资源进行关注与重视。与此同时，公有云也是大量用户聚集的场所，云服务与软件可以更好、更快地满足用户需求，同时具有较强的弹性扩展能力。所以，电视台可通过建立行业专属云来连接公有云，从而在整个融合媒体平台面对突发业务时拥有资源弹性扩展的能力。

（3）优化用户传播渠道

在融合的媒体环境中，到达用户的通道不仅包括业内的网络资源，同时还有互联网之间的对接。公有云中拥有许多成熟云服务，例如，在不同地理区域部署的 CDN 服务，就可以用来解决内容快速发布而导致的路由带宽问题，从而提升用户体验。

（4）建立融合创新平台

融合媒体作为电视行业的发展方向，对很多创新的业务形式还需要不断探索，需要有一个试错和完善的过程。公有云提供了创新业务的支撑平台，可以在上面快速开发业务。

3. 打造行业专属云

行业专属云是由电视台、相关媒体机构以及云服务的提供商一起打造与经营的。行业专属云拥有靠近互联网的优势，所以是业内与互联网进行联结的重要渠道，从而可以促进媒体机构的联合，实现行业间的共同经营。

（1）弘扬主流媒体的责任担当

主流媒体承担着弘扬主旋律、壮大主流思想舆论的重任。通过行业专属云的建设，使用成熟的公有云基础资源，构建面向互联网和媒体机构的传播平台，可以增强主流媒体的汇聚力、生产力，提升其传播力和影响力，更好地担当主流媒体的责任。

（2）探索融合媒体生产模式

媒体私有云承担着台内高质、高效的生产任务，但在媒体融合态势下，生产模式发生了相应变化，尚有一部分业务既需要一个靠近互联网的平台，以实现内容随时随地的快速上载或更新，又需要拥有较强的数据或内容处理能力，以达到电视专业级内容处理的水平。专属云能够根据业务需要实现与台内媒体私有云以及与互联网的安全对接，提供台内、台外业务联通的渠道。

（3）搭建业务运营平台

专属云通过部署面向电视业务的 PaaS 和 SaaS 服务平台，不仅可以承担内容生产任务，还可以承载版权、内容等面向运营的业务，以及对业务运营过程中获取的大数据进行分析。同时，由于行业专属云上已经聚集了各地媒体机构的资源，可以进一步帮助各个媒体机构实现 B2C 业务。

（4）强化安全保障

尽管行业专属云是以成熟公有云基础设施为基础建设而成的，拥有专业的安全设备及人才，以及对系统实施有效的维修保障，但是电视业务又拥有特殊性，所以还需要根据媒体的特点，在内容、数据和应用等方面给予相应的安全保障，从而体现出业内独家云服务媒体机构的特点。

4. 私有云、专属云和公有云的相互关系及业务部署原则

在采用私有云、公有云和专属云构建电视台云基础架构的过程中，应依据与

互联网的距离、依存性选择公有云、私有云；依据服务的安全性、共享性、效率要求取舍本地服务与云端服务的构成及比例。例如，希望拥有更多控制权、更高安全性的服务可能会更偏向于选择私有云提供的服务，而较为关注拥有成本、灵活性或可伸缩性的客户更偏向于选择公有云服务。

具体来说，在将业务拆分到私有云、专属云和公有云时，主要关注的要点如下：

（1）信息处理复杂程度

对公有云的运行进行观察就会发现，公有云在为各行各业提供服务的时候是具有一定的普遍性的，而并不是单独指电视行业，所以就提出把具有电视行业特性的、信息处理量大的或者是信息处理流程繁杂的操作在私有云或者专属云上部署。例如，高、标清节目在制作时就有了对编辑、特效、特技合成等有层次的实时需求以及调色等其他业务功能。

（2）信息处理实时性要求

有的业务尽管信息处理量比较大，过程比较复杂，但是对信息处理的时间并无实时的需求，所以提出可以在公有云中部署此类业务，从而充分发挥公有云的优势，以及缩短部署周期、短期利用成本低的优点，如动画生成类业务。

（3）内容版权控制要求

电视台部分业务对内容数据安全或者版权控制具有特殊要求，建议该类业务尽量避免部署于公有云中。

（4）用户参与的要求

对于普通用户开放的业务，如视频分发，建议部署于公有云中，以充分利用其靠近互联网的特性；对于特定用户开放的业务，如全媒体新闻记者联动平台，建议部署于专属云中，以便既能随时随地进行内容上传，又能确保相关内容的安全；而对于台内员工开放的业务，如节目的高码率编辑，建议将其部署于私有云中。

（5）业务经营的要求

在融合媒体态势下，除了传统电视制播业务以外，新媒体业务、创新业务的经营模式和要求都不尽相同，因此，应该根据 B2B、B2C、C2B、C2C、O2O 等不同运营模式的业务要求，分别将其部署于公有云、专属云或私有云中，以实现平台优势的最大化。

从目前情况看，鉴于电视行业的特点，三种模式的并存将持续较长一段时间。在并存的过程中，建议以建设私有云为起点，将部分高弹性、安全要求不高的应用迁移到公有云，并完善公有云与私有云之间的应用调度接口；随着技术的不断发展，按照私有云、专属云以及公有云的递进次序，将适合迁移至云端的业务不断增加，最终实现多云并存，全面支撑业务发展的局面。

（五）电视台融合媒体平台总体技术架构

全媒体融合平台，包括新闻指挥协同、全媒体新闻融合生产、全媒体内容管理、聚合平台和基础服务平台，以及辅助的业务系统。

新闻指挥协同体系，包括指挥协同新闻策划、指挥协同采访任务管理、指挥协同资源调度和指挥协同桌面监看。

全媒体新闻融合生产，包括新媒体内容生产、电视广播内容生产和其他内容生产。

全媒体内容管理，包括聚合平台汇聚到台内的全媒体内容、与全媒体新闻融合生产体系，以及台内其他业务体系的交互内容。

聚合平台包含一级汇聚、二级汇聚和全媒体报片三部分汇聚来源系统，是全媒体融合平台的内容汇聚来源。

基础服务平台，包含统一索引、统一检索、转码服务、流程引擎、渲染服务、数据分析、用户管理与认证、直播岛、互动管理、大文件传输和生命周期管理等功能服务，是整个全媒体平台的服务支撑平台。

（六）电视台融合媒体平台总体功能架构

全媒体融合平台的功能主要包含以下七个：

1. 全媒体内容聚合平台

全媒体内容聚合包含一级汇聚、二级汇聚和全媒体报片三部分内容汇聚来源。

一级汇聚即互联网新闻聚合平台部署在云端，为台内提供互联网抓取的新闻内容。

二级汇聚包含台内现有专业网站和传输平台的内容汇聚，其中专业网站包含新华社、国际广播电台、路透社、美联社、央视网和 CPTN 等，传输平台包含 FTP、大文件传输、百度云、QQ、记者站、区县台和 3G/4G/ 海事卫星等。

全媒体报片为编辑记者更方便、快速、准确地获取信息、发送信息、制作信息、提供了多终端的应用方式。

2. 全媒体内容管理

全媒体内容管理的内容主要包括全媒体指挥协同管理、全媒体内容生产、传统广播电视制播系统，以及内容的分发与演播室中的内容支撑。

3. 全媒体指挥协同管理

对全媒体新闻的指挥、协同，互联网新闻、传统电视广播新闻的统一策划，就是指全媒体的内容管理、内容生产，以及电视制播系统的输入，同时也是全媒体内容管理、内容生产、传统广播、电视制播系统和互动发布的输出。

4. 全媒体内容生产

全媒体的内容生产主要通过互联网发布内容的编辑工具以及传统电视制、播工具进行内容的快速编辑。

5. 内容分发

负责全媒体内容多终端多渠道的内容的组织、发布。

6. 演播室群

要想建设全媒体的演播室就需要对演播室提供技术支持，具体来说就是对大屏技术和虚拟图文技术进行全面的应用，从而可以全面、多角度的吸引观众。

7. 基础服务平台

作为全媒体融合平台的基础服务，提供统一索引、统一检索、转码服务、流程引擎、渲染服务、版权管理、数据分析、用户管理与认证、直播岛、互动管理、统一通话、大文件传输和生命周期管理等功能服务。

（七）电视台融合媒体平台网络部署规划

按照网络拓扑结构由内网向外网依次划分为存储平台、核心网络平台、服务器支撑平台、用户终端平台、安全管理区、安全交换区、台内其他相关业务系统、办公网、新媒体相关平台、互联网接入区、公有云等几个部分。

第二节 当代电视新闻媒体融合发展的对策建议

目前，全媒体已经成为全球发展的潮流，在这一背景下传统媒体与新兴媒体也在不断融合发展，并且这也已经成为当今时代赋予新闻媒体的历史使命。同时也对新闻提出了其他新的要求，但是，在当前这个时代，媒体融合在发展的过程中也遇到了前所未有的困难，如新闻媒体的监督权得不到保障，监督媒体的机制也显得较为薄弱，一些记者在网络的舆论中迷失方向，一些虚假新闻、低俗内容的现象也时有发生。除此之外，在新闻采编方面还存在"双轨制"问题等，并且随着时间的推移，媒体融合还会出现其他的问题。对于这些问题，我们应该如何去面对与解决呢？下面将从建设和完善媒体规制、变革和创新体制与机制、处理好媒体经营与新闻生产的关系、强化新闻媒体自律和职业伦理这四个方面提出相应的对策、建议与解决方案。

一、建设和完善媒体规制

媒体融合发展的趋势不可逆转，但是，在发展的过程中总是会出现各种各样的问题，其中的一些问题可以从制度建设方面来予以改善。

（一）充分保障媒体正常的监督权

新闻媒体一项基本的社会职能就是对社会的监督。新闻媒体通过调查，将社会上的不良现象展露出来，这样不仅可以宣传与发扬社会上的正能量，同时，还能促进国家的法制建设、民主建设和精神文明建设。国家早在 2007 年就出台了相关的法律法规，对新闻媒体、记者的合法权益进行保护。

（二）健全完善监管媒体的规制

在保障媒体监督权的同时，谁来对媒体的行为进行监督呢？其实，在生活中我们也会发现，新闻媒体存在监督权过度使用的现象，如对事件不进行如实的报道，导致人们无法看到事情的真相，从而影响案件的公平审判。除此之外，还存在公民的权益受到损害的现象，如公民的名誉权受到侵害，所以，对新闻媒体的行为进行监督与制约是十分重要的。由此，我们可以了解到，要想提升社会运转效率就需要新闻媒体极大限度地发挥社会上的正能量。

（三）健全完善网络信息监管规制

新兴媒体的迅猛发展为信息传播提供了巨大的便利，而且他所产生的影响涵盖上至意识形态、下至产业发展的所有维度。由于新兴媒体的意见主体具有隐匿性、自由性，分布比较零散，再加上新兴媒体的传播渠道更加方便与多元，信息产生了内容庞大、质量鱼龙混杂的现象。事实证明，社会呼唤正能量，并倡导网络传播正能量，健全和完善网络信息的监管制度是推动社会发展的重要途径。管理机构必须转变思想，强化网络信息监管规制，从而提升新闻媒体融合的成效。

二、处理好媒体经营与新闻生产的关系

在全媒体时代，全球化媒体融合形成的大背景需要媒体致力于正确处理媒体经营和新闻生产之间的关系。

（一）做好守住"阵地"的新闻

对于广播、电视、报纸等主流媒体来说，不管是进行中的"两台合并"，还是今后的广电报媒体集团，"新闻立台"始终是一个永恒的目标，履行主流媒体新闻宣传任务始终是首要问题。全球传统媒体基本站在了同一条起跑线上，这对

于中国的主流媒体来说既是一种挑战也是一种机会。因此，笔者认为，传统主流媒体首先要坚定地做好"阵地"中的新闻业务工作，同时在媒体融合的大舞台上取得"经营许可证"，然后再依据自己在这个大舞台上的位置，以建立自己的盈利模式。在媒体经营的过程中，这是一个重要的基础与前提。只有这样才能让媒体机构形成相辅相成、和谐共生的局面，既有好的新闻，又有鲜明的特色，同时还能赚得盆满钵满。因此，新闻媒体需要做到大胆创新与勇于担当。

（二）先"改存量"再"做增量"

对于新闻媒体机构来说，存量并不适应媒体融合发展，其中最引人注目的就是媒体融合所涉及的采编流程再造和组织构架调整等问题。其实，从媒体融合发展的实际情况来看，传统主流媒体已经意识到媒体融合的必要性。但是，需要注意的是，媒体融合发展并不只是传播渠道和形式的改变，更多的是在资源整合、新闻内容制作整合、终端与渠道融合、组织与管理的整合、新闻媒体与用户深度融合等方面进行改变。所以，要想"改存量"，首先就要先将这些整合开放起来，然后将生活在"大杂院"内的传统媒体与新兴媒体小灶变成大厨房，人才集聚一堂，做到新闻采集统一化，根据每个媒体的特点进行分类处理，最后在大厨房中进行集中发放。这正是该书所说的媒体融合发展模式的核心观点。其实，我们可以借鉴一些西方国家的先进经验，如 BBC 案例。因此，当搞好"存量"时，我们就可以实现媒体互融效率的提高，从而实现"增量"的发展与进步。

三、强化新闻媒体自律和职业伦理

在全媒体的大众传播的时代下，新闻传播的链条主要包含：第一系是直到社会受众满意的循环系统，即社会公众个体—新兴媒体—新闻媒体人（对事件的质证）—新闻媒体—社会受众；第二系是当公众不满意就进入第一种循环系统，即新闻媒体—新闻媒体人—事件（当事人及可能涉及的中介机构）—社会公众。对这两种传播链进行观察可以发现，不管是哪一条传播链都离不开新闻媒体与媒体人。所以，在发展媒体融合的时候要强化新闻媒体的自律和新闻人的职业伦理。

（一）强化新闻媒体的自律

这里所说的新闻媒体自律，就是指新闻媒体机构培养新闻媒体人的自律。研究发现，新闻媒体自律，归根到底要靠所有新闻工作者来支撑。建设媒体诚信度和公信力，关键在于建设高素质的新闻队伍。因此，在注重新闻媒体人业务与技术的培养时，还要增强新闻媒体人专业理念和新闻伦理等方面的教育。除此之外，新闻媒体的自律还指新闻机构在发起新闻报道时的自律。

（二）强化新闻媒体人的职业伦理

职业伦理，从广义上看，就是指职业活动领域内所有的道德关系与道德现象；从狭义上看，就是指行业的道德规范与准则。本书认为，新闻领域中的道德规范就是要坚持新闻真实，而真实是新闻的首要生命。新闻媒体人的职业道德主要包含以下几个方面：第一，自觉执行国家法律法规，随时检查自己的表现，消除利益裹挟，严格遵守国家的法律法规。第二，要珍惜新闻媒体的话语权，这也被媒体社会称为"第四权力"，不仅反映出大众对于新闻媒体的信任感，而且又可以突出新闻媒体舆论监督的重要性，由此，新闻媒体人要珍惜这个话语权，防止对其进行滥用，同时这也是社会公众对新闻媒体的希望。第三，要坚持新闻专业主义，当面对大是大非时，要坚持同党中央保持高度一致。但是，我们需要注意的是，我们所提倡的新闻专业主义，应该与国家意志紧密联系，为社会大众服务，为全党和全国的工作大局服务，正确把握舆论导向，传播先进文化，弘扬社会正气，倡导科学精神。

在全媒体时代，信息浩如烟海，观众对信息的要求越来越高。因此，首先，新闻媒体人应该不断提升自己的专业素养，注重将自己培养成为全能型记者。其次，我们应该在实践中严格遵循法律与道德准则，坚持新闻真实、客观、公正、全面性原则，而不是为了博流量就公布未验证的消息，也不应为了追求时效性就让信息缺少真实性。

第三节　当代电视新闻媒体融合发展的趋势

随着互联网不断发展，越来越多的移动端产品让各式各样的媒体工具形成网络化，传递信息内容并逐步占据人们的生活并给报纸、广播、电视等都带来了巨大的冲击，这就迫使原有的传统媒体必须认真思考对策，以便维持其生存竞争能力。新兴媒体和传统媒体的融合发展越来越受到人们的关注。媒体融合在业界的繁荣也使得学界对其研究进一步加强，并从不同的角度对媒体融合发展进行研究。

对于传统媒体与新兴媒体的融合发展，融合是实现的手段，发展才是最终的目的。那么，如何通过媒体融合实现发展的目标，媒体融合发展究竟应该怎么做，如何衡量融合发展的程度，这就需要总结归纳电视媒体融合发展的要素所在。下面我们将针对电视媒体融合发展的趋势进行研究，只有厘清媒体发展的趋势，遵循媒体发展的规律，才能更加清晰地认知媒体融合发展的要素。

一、媒体融合发展总体概况与整体态势

电视媒体融合发展在如今呈现出的特点主要如下：第一，注重咨询入口和咨询平台的发展情况，垂直化产品所占市场份额增加；第二，新技术的出现为媒体更新奠定了基础，电视内容在生产、传播等方面不断革新；第三，不断出台的法律法规保障媒体的融合发展；第四，网络视频直播发展迅猛，广大受众的参与度和互动度得到增强；第五，报业新媒体通过新三板成功挂牌，新生资本力量促进媒体融合工作发展。

想要让媒体融合工作得以有序开展，可以采用如下几条策略：第一，完善媒体机制、深化新媒体等方面的发展理念，促进相应价值认同的发展；第二，秉持媒体、产品共同发展的原则，优化媒体的社会引导效果；第三，深化多元经营和资本探索，构建并完善衡量媒体融合效益的评估体制，加大新媒体监管力度。

（一）全球媒体加快融合发展步伐

在 2015 年，蓬勃发展的互联网和移动互联网对全球媒体生态产生巨大影响。根据国际电信联盟（ITU）的年度互联网调查报告，在全球范围内参与互联网运转的人数高达 32 亿，在全球范围内使用手机的人数高达 71 亿，手机信号所覆盖的人群占全球总人口的 95%。

新传播技术的发展也改变了全球新媒体的格局，《纽约时报》、路透社、英国 BBC 等多家国外大型媒体集团纷纷参与数字化和移动化的信息发展。在这种情况下，不断更新的探索模式导致新闻传播格局和媒介生态日新月异，而颇具融合特色的转型方式成为应对这一局面的主要有效措施。2016 年，全球媒体融合发展的趋势已经十分明显，传统媒体和新媒体融合发展的广度、速度、力度等方面的显著增强正是这一趋势的主要体现。在未来，融合性发展会成为全球媒体行业的发展基础。

路透社于 2015 年发布了《2015 路透社数字新闻报告》，这份报告显示在路透社调查的 12 个国家里，平均每周有 46% 的用户通过智能手机获取新闻资讯，相比 2014 年增长 10%。不断发展的移动互联网促进了广大用户由传统媒体向新媒体的新闻获取习惯的转变。面对快速增长的移动端口用户人群，国外媒体行业的融合发展更加重视移动设备对新闻消费方式的改变，积极发展移动设备平台上的新闻业务，如实时资讯、网络视频等。2015 年初，路透社推出一款视频新闻程序"路透电视"，新闻视频的内容与时间长度能够根据用户的观看历史发生变化，满足用户的个性化与移动化需求。同时，这项程序允许用户将内容免费分享到其他平台。

传统媒体的发展方式十分有限，所以，国外很多媒体纷纷运用新技术进行内容生产。全景呈现的新闻现场让用户感到自己仿佛就在事件发生地驻足观望，而虚拟现实技术塑造了更多的新闻报道方式。例如，《纽约时报》在 2015 年 10 月通过引领信息发展的新闻报道虚拟现实技术，打造了 NYTVR 虚拟现实平台。在同一年，《今日美国报》运用同样的技术进行了专题报道。此外，充满探索意味的新闻游戏增添了互动性新闻的可看性。2015年，英国BBC推出新闻游戏《叙利亚之旅：选择你自己的流亡路线》，使人们参与到新闻之中。

科技公司与社交媒体进军新闻领域，打造平台型媒体成为国外媒体融合发展的趋势之一。2015年，凭借显著的用户优势，社交网站Facebook正式上线。其中"Instant Articles"功能与"Notify"独立移动端应用软件，为新闻媒体提供直接上传新闻的渠道，实现社交平台流量与媒体信息阅读量的双赢。《纽约时报》、《国家地理》、Buzz Feed、NBC新闻、《大西洋月刊》、《卫报》、BBC新闻、《明镜周刊》以及德国《图片报》等欧美传统主流媒体陆续与Facebook签署协议，通过利用"Instant Articles"栏目的移动端快速加载能力提升新闻点击阅读率。同年9月，《华盛顿邮报》更将其所有新闻报道内容放在此项栏目中。2015年6月，谷歌成立"新闻实验室"，将谷歌地图、Youtube排行等实时数据与创新技术运用到新闻报道中，为新闻媒体提供实时趋势分享与计算机算法，充分发挥技术优势，引领新闻未来。

（二）"互联网+"成为媒体深化融合新引擎

对于媒体融合工作而言，国家政策的引导为中国媒体融合的发展提供了宝贵的机会。在政策的引导下，传媒界通过互联网为传统媒体产业提供优势功能，并将互联网思维渗入生产、互动、营销、管理等诸多步骤中，让产业实现升级目标，并对组织建构、产品流动、生产方式、产业结构等多个方面进行全方位的融合发展与创新提升。

我国始终高度关注着新媒体领域的发展情况，并为其规划了国家战略层面的发展方案，旨在促进新媒体行业的稳步发展。"互联网+"计划不仅促成了新技术环境下新的生产生活方式和商业产业模式的出现，也推动了媒体融合前进的脚步。对于传统媒体而言，在"互联网+"形式的加持下，广大用户的信息需求以及传统媒体行业的业务质量和整体业态水平都会得到很大提升。

在政策的指导下，国内各类媒体纷纷进行积极探索，并不断加大改革力度，推动内容、技术、渠道、管理等多个方面的融合发展。在报业，甘肃省报业协会、河南省报业协会、云南省报业协会等报纸行业组织纷纷成立新媒体委员会，团结各省报纸业媒体人的力量，就报业新媒体的发展进行交流与合作。除此之外，报业践行媒体融合发展规划还体现在中国经济办刊协会新媒体委员会、中国晚报工作者协会新媒体发展委员会等报业新媒体机构的构建上。2016年7月2日，《关于进一步加快广播电视媒体与新兴媒体融合发展的意见》由国家新闻出版广电总局发布，为广播电视媒体规划了新时期的转型发展方向，也为媒体融合发展提供了相应的保障措施。

（三）媒体融合助推中国提升国际传播力与影响力

2016年7月，《国家信息化发展战略纲要》发布，提出"发展积极向上的网络文化，把中国故事讲得愈来愈精彩，让中国声音愈来愈洪亮"，以及"完善全球信息采集传播网络，逐步形成与我国国际地位相适应的网络国际传播能力"。将新媒体作为扩展政治空间的框架、将信息话语权作为保障国家利益的有力途径，能够有效促进中国特色大国外交的发展。此外，实施媒体融合战略对于提升中国对国际事务的参与度、提升国际舆论对中国的关注度具有深远意义。首先，全球网络技术和信息技术在不断更新，国际舆论也越来越重视中国，中国迫切需要以媒体融合战略为手段加大国家传播力度、完善国家形象；其次，实施媒体融合战略，能够使传统媒体和新兴媒体进行优势互补，从而让全世界都听到来自中国的声音，并且能够有效提升中国的立场表达效果。

二、媒体融合发展聚焦点深入分析

（一）资讯入口与平台成为发展重点，垂直化产品崛起

无论是《今日早报》《九江晨报》，还是《外滩画报》，都在市场需求不断更新的背景下相继停刊。一些报刊虽然已经停刊，但它们将阵地转移到网络平台上，继续生产新闻内容。例如，浙江《今日早报》在其《致读者信》中如是说："我们告别了一张报纸，但我们并没有离开。从明天开始，我们的团队将转赴媒体融合的新战场。"《九江晨报》通知广大读者"《九江晨报》旗下微博、微信公众号以及 APP 将继续充当新闻发布平台，由原晨报记者们采写的新闻依然通过掌上九江 APP 每天向大家推送。"《外滩画报》也在停刊时继续更新 APP、微信等业务，并通过"外滩画报""外滩时尚""外滩教育""外滩传媒"等新媒体账号继续为读者更新新闻内容。

想要将传统媒体和新兴媒体进行融合，搭建并转移传播平台是行之有效的方法，因为这样可以抢占新闻入口，提升其在广大群众中的知名度。传统媒体可以通过自建平台、平台入驻两种方式向新平台转移。在中国的媒体融合发展中，采取这两种方式的媒体都收获了不俗的成绩。

"澎湃新闻""并读新闻""无界新闻""九派新闻""上游新闻"都是采用自建平台方式获得成功的典型案例。其中，出自改革后的上海报业集团的"澎湃新闻"主要更新时政、思想等方面的相关内容，出自长江日报报业集团的"九派新闻"倾向传播全国性舆论，"并读新闻"创新了新闻社交互动与盈利方式。可以说，这些传统媒体以资源整合、搭建新型传播平台为手段，在媒体融合道路上向前迈进了一大步。

此外，除了成功打造了部分媒体新闻网站，一些传统媒体以自身的经济、品牌、影响力为基础开发了新媒体应用软件，以此实现传播平台的转移。人民日报社、新华社、中央广播电视总台等中央级主流媒体在相应的政策、技术、资本的引导下，不断深入探索新媒体平台，并成功推出"人民日报""新华社""央视新闻"等新媒体应用软件。部分地方媒体纷纷效仿，"新京报新闻""北京日报""南都自媒体""华西都市报 News""新锐大众"等新媒体应用软件先后出现。利用新媒体运营手法，传统媒体以媒体自建平台为基础，满足了互联网时代对新闻内容传播效果的要求，其"信息+服务"的垂直化战略发挥了举足轻重的作用。这也告诉我们，垂直化发展成为促进媒体融合发展的有效措施。

（二）新技术催生媒体进化，电视内容生产与传播方式发生革新

在人们看来，无人机、写稿机器人、虚拟现实可以在 2016 年实现对媒体行业的重塑。包括智能设备在内的新技术使得新闻信息采集和发布方式得到改善，新闻生产内容也变得更加丰富多样。新闻内容因传感器、人工智能软件、GPS、定位等高科技技术变得更加翔实，新闻信息传播的有效性、微传播的效果都可以在通过技术实现的事实呈现下得到提升。新传播技术的发展推动了媒体融合发展的脚步。

我们可以经常在灾难类的报道中发现无人机抓拍景象的场景，无人机拍摄的现场画面是记者无法直接获得的；同时，这些画面也让公众能够直接接收新闻现场的视频画面，由于事实不足而产生的舆论偏差大幅度减少，有关新闻事实的话题讨论也更加公正。国内新华网于2015年6月组建了无人机编队，这个编队采用的是国产大疆"小型一体化多旋翼航拍飞行器"，真正实现了"全天候、多地形、全媒体的新闻航拍"，是我国第一个全国性无人机新闻项目。2015年8月，天津的滨海新区发生了爆炸事故，以央视新闻频道为首的多家媒体纷纷将无人机航拍技术运用于新闻报道。通过无人机的拍摄，事发地很多核心现场的场面被公众接收到，也让公众感受到了事态的严重，进而持续关注这次事件的发展过程。

2016年，里约奥运会期间，很多媒体使用了媒体机器人，这些媒体机器人主要负责写稿，财经报道、体育新闻写作是其擅长的领域，尤其是奥运会新闻报道。来自"今日头条"的AI机器人"Xiaomingbot"与奥组委的数据库进行了实时对接，并将撰写的新闻稿件第一时间推送出去。整个里约奥运会期间，该机器人发稿量约450篇，单篇阅读量约11万次。同一时期，《华盛顿邮报》也通过机器人记者报道奥运会赛事的短消息；出自央视的机器人Alpha2在演播室为观众解说奥运会赛况，并与主持人进行了一定的互动。腾讯于2015年9月发布了首篇出自机器人之手的财经稿件。此后，新华社开展"快笔小新"项目，与百度智能机器人"度秘"共同解读"两会"信息。不断更新、不断完善的机器人技术，拓展了机器人在融合报道方面的运用范围，也推动了新闻报道的发展。

运用虚拟现实技术可以大大增强新闻报道的现场感和真实感。例如，2016年，媒体在报道"两会"时运用了全景相机和VR技术，公众因此也收获了别样的新闻体验。专栏为广大用户提供了各种关于新闻图像的拍摄角度和呈现画面，这突破了传统媒体固定的新闻画面视角的约束，并且用户如果佩戴了VR硬件设备，就可以360度无死角地体验现场观看两会的感觉。而传感器新闻在整个新闻生产的过程中发挥了数据特性和数据功能等方面的作用，使新闻的议题容量变得更大，也提高了环保类、调查类新闻报道的数据的可信度。例如，2016年，人们在湖北武汉汛情时的救灾过程中，对武汉内涝问题提出了质疑。根据财经网关于2000年和2016年武汉湖域面积的卫星动图直观对比，人们发现武汉产生汛情的原因之一是当地的"填湖造地"措施。在当今社会，媒体进行融合发展，首要任务是构建技术能力体系，而媒体极大地推动了可视化、智能化、数据化等诸多融合传播领域的发展。技术会不断革新新闻内容的生产和传播。相信在不久的未来，人工智能硬件和软件等方面的传播技术会显著提升，智能化的新闻生产和传播将会成为现实。

传统电视媒体要以信息可视化的特征为基础，通过新技术着重打造虚拟演播室，也要根据移动传播的场景化特点，结合互动模式、用户状态、环境氛围等多个方面，将场景化服务呈现在公众面前。春晚与微信"摇一摇"、支付宝"咻一咻"、腾讯QQ抢红包等进行的搭配，就是电视媒体在春节期间与新媒体社交功能进行结合、提升场景互动性的成功案例。《人民日报》媒体技术股份有限公司在2016年与腾讯云进行合作，共同构建了中国媒体融合云，这是我国第一个媒体融合云平台，人们可以通过云计算和云平台存储信息、下载信息、分享信息。媒体融合云能够协同生产模式，云平台能够对媒体融合发展技术壁垒进行削弱，直至其消除。此外，云平台注重技术、内容、运营等信息的分享与合作，能够提高媒体行业的整体水平。

（三）法律法规为媒体融合提供保障

新媒体的高速发展使得版权问题突显了出来。侵权事件在新媒体领域可谓屡见不鲜，这种现象对版权保护的相关法律法规的完善提出了要求。最近几年，加强新媒体版权保护的呼声越来越大。国务院于2015年12月发布的《关于新形势下加快知识产权强国建设的若干意见》（以下称《意见》）强调，要加大国家知识战略的实施力度和知识产权重点领域的改革力度，让知识产权保护变得更加严格，从而推动新技术、新产业、新业态的蓬勃发展。此外，《意见》还指出，要提升互联网、电子商务、大数据等领域的知识产权保护规则的研究水准，进一步完善相关的法律法规，并规划众创、众包、众扶、众筹的知识产权保护政策，推动在模式上对知识产权创造和运营的众筹、众包的探索，深化"互联网＋知识产权"的融合改革。2016年1月发布的《互联网新闻信息服务管理规定》（修订征求意见稿）强调互联网新闻信息服务提供者在转载新闻信息时，要保证其完整性、准确性，不得对标题原意和新闻信息内容进行篡改、捏造，需在显著位置将信息来源、原作者、原标题、编辑人员真实姓名一一标明，且要保证新闻信息的来源能够被追溯。同年6月，国家网信办发布的《移动互联网应用程序信息服务管理规定》明文规定：移动互联网应用程序提供者应当严格落实信息安全管理责任，尊重和保护知识产权，不得制作、发布侵犯他人知识产权的应用程序。互联网应用商店服务提供者应当对应用程序提供者履行、督促应用程序提供者发布合法应用程序，尊重和保护应用程序提供者的知识产权的管理责任。

国家版权局于2016年8月公布了"剑网2016"专项行动第一批网络侵权盗版案件的查办情况，"风雨文学网""269小说网"等著作侵权案在内的8起案件被公之于众，这表明了国家版权局联合国家网信办、工信部、公安部打击网络盗版行为的决心。针对产业发展，国家出台了很多加大扶持力度和支持力度的利好政策。第一，国家新闻出版广电总局、中华人民共和国财政部通过印发《关于推动传统出版和新兴出版融合发展的指导意见》，在资金方面大力促进新闻出版企业的转型升级。第二，文化部办公厅通过印发《2015年扶持成长型小微文化企业工作方案》，加大对小微文化企业的帮扶力度。第三，国务院通过印发《关于大力推进大众创业万众创新若干政策措施的意见》，推动财税、融资、平台建设等诸多方面的发展。第四，国务院通过印发《促进大数据发展行动纲要》，加快大数据行业的发展速度。第五，国务院办公厅通过印发《三网融合推广方案》，大力促进信息网络设施互联互通、资源共享的发展。

（四）互联网加速媒体融合

在网络空间世界，互联网能够产生很大的影响力，以阿里巴巴、百度和腾讯为代表的互联网公司，传统媒体新闻传播格局因此不断发生改变。在互联网公司与颇具影响力的媒体结构、管理机构进行合作的前提下，涉及融合的新技术不断被采纳，互联网企业竞争的优势也发挥得淋漓尽致。2015年，包括阿里巴巴在内的多个互联网加快了传统媒体的整合以及其向"互联网+媒体"传媒的转型速度。当媒体融合发展到一定程度时，互联网公司纷纷通过注资主流媒体的手段抢占媒体市场。例如，阿里巴巴在2015年先后对光线传媒、北京社区报、第一财经、雅博天下、优酷土豆、南华早报等媒体进行了投资操作，并与财讯集团、新疆网信办联合创办了"无界新闻"，与四川日报集团联合创办了"封面媒体"。与阿里巴巴类似，腾讯、百度等公司也以收购、合作为主要方式开辟了媒体领域之路。

互联网企业将新媒体作为进驻媒体界的入手点，新媒体也在不断地进行拓展，不仅提升了传统媒体的价值水平，也使得多产业链得以延伸，多维度经营模式在不断完善。传统媒体集团以充分发掘自身的资源价值为前提，积极开拓业务涉猎范围，包括艺术品、会展、教育、舆情服务等多个领域，并取得了一定收益。例如，扬子晚报主动进入教育行业，并构建了涵盖教育报道、学生培训、夏令营等多方面的集中体系，并且积极与斯篮搏中国进行合作，共同建立了以发展体育项目为核心的江苏斯篮搏体育文化有限公司。此外，传统报业集团通过"内容+服务+社区"的移动媒体平台，实现了线上与线下资源的联通，并以搭建的新媒体平台为载体，推动O2O模式的发展，在线上构建购物社区，在线下开设电商购物体验店。

与飞速发展的传统报业集团O2O电商模式相对应的，是以传播载体为基础的与互联网电商深入配合的电视媒体，与互联网电商共同构建了T2O的电商发展模式。东方卫视于2015年播出的某部热门电视剧应用的就是T2O模式，让广大观众得以"边看边买"。广大观众也可以借助手机的天猫客户端进入东方卫视台的购物互动页面，根据剧中的角色购买心仪的同款衣装。

此外，阿里影业与多家电视集团进行电子商务方面的合作，一边为电视剧量身打造生产流程，一边拓展电视节目的相关衍生业务。2015 年 11 月 11 日，湖南卫视与天猫合作的双十一晚会更是将"电视＋电商"的 T2O 模式推向高潮，融合电视综艺与移动购物，借助多终端平台与多场景互动，实现收视率与电商盈利双赢。2015 年 12 月 31 日，广东卫视联合京东集团、南星文化共同打造"1 月 1 电商节"，通过微信"摇红包"等环节，将电子红包、购物优惠券、实物奖品等福利送给观众，除了电视直播外，广东卫视还联手乐视网、爱奇艺等在网站、手机终端全程直播。与此同时，广东广播电视台全面启动"粤鲜生"绿色农产品视频广播电视电商平台建设工作。此外，不少电视媒体充分利用所掌握的知识产权资源发展衍生品，如浙江卫视联合两家游戏公司共同推出某综艺节目的官方手游。

（五）网络视频直播发展迅猛，用户参与和互动维度提升

2016 年，网络视频行业用户量急剧上涨，这给网络视频和网络直播业为媒体融合带来了新的发展契机。按照中国互联网信息中心（CNNIC）公布的《第 38 次中国互联网发展状况统计报告》上的调研数据，我国网络视频用户的数量 2016 年 6 月已经达到 5.14 亿，比上一年年底时多出 1000 万，将近 72.4% 的网民接触或使用网络视频。2015 年年底，网络音乐用户量被网络视频用户量超越，后者也成功化身娱乐类第一应用。伴随着社会上越来越多的用户倾向于通过手机接收网络视频，媒体也在移动视频端进行着有条不紊的布局。

网络直播行业的火爆情形使得传统媒体和直播平台加快了合作速度，并促使传统媒体借助网络平台开创发布新闻的新模式。2016 年夏，相关媒体通过网络专题视频直播进行现场同步直播，带领观众目睹了我国南方发生的汛情，人们获得很多灾情相关的信息；借助视频直播报道新闻内容的《新京报》，以在直播中与后方记者进行语音连线的方式，成功实现了对网友反馈信息的实时掌握，进而及时为广大网友解答问题。除此之外，也有部分灾情地的媒体试图以与直播平台合作为手段，开创抗洪报道的新方法。例如，湖北日报荆楚网与直播平台"斗鱼"

合作，现场直播了湖北灾情后的抗洪过程，在线观看该直播的人数最多达 10 万，与现场记者的积极互动也体现了广大网友对灾民的关心与慰问；深圳于 2016 年 8 月出现台风，深圳 ZAKER 积极与腾讯、网易平台合作，从早到晚 24 小时不间断地直播当地实际情况。有数据显示，在直播高峰时，深圳 ZAKER 上最多有 102 万人观看；相应地，腾讯为 329 万人，网易为 1070 万人。

电视直播跨屏互动也是一种创新举措，可以帮助用户直接参与电视节目的互动，并收获更加完美的体验。微信团队于 2015 年表示将"摇电视"作为"摇一摇"的基本功能，并向全体用户开发。根据腾讯调查的数据，截至 2015 年 5 月，上线摇电视功能的电视台数量已经超过 60 个，相关节目数量超过 110 个，参与这些节目的用户数量突破一亿；在南方卫视举办的《今日最新网》节目中，观众可以通过"啪啦啪啦"应用软件参与直播跨屏互动，在直播内容不间断的同时进行评论、投票，这也为电视用户开辟了参与电视节目的新途径。

此外，同样是在 2015 年，很多报纸增设了"众筹版""众筹新闻"，旨在提高用户的参与度和使用体验。这种互动创新模式主要涵盖两方面内容：第一，该模式接近新闻众筹项目，报纸可以在自家媒体平台，即传统媒体或新媒体上发布选题内容，用户可以根据选题内容思考是否为之提供资金、最终的新闻作品是否能完成。在这些新闻选题中，更多的是侧重公共议题或公共服务，其受关注程度体现在用户对其的支持力度上，《南方都市报》《沈阳晚报》《现代快报》等以众筹书写的形式，报道了如公共 WIFI、快递、教育等主打民生主体的新闻内容。第二，广大用户可以通过网络、新媒体等多种渠道对报纸于众筹板块开设的讨论议题发表观点，这样一来，报纸可以收集很多公众的内心想法与所关心的问题。例如，《济南日报》根据开设的"众筹新闻"板块，给公众创造了一个谈论"雾霾移民""网络时代个人隐私""规则意识"等话题的平台，并将公众表达的观点刊登在新闻稿件上，以此提升用户对该报纸的关注水平和参与水平。

（六）报业新媒体新三板相继挂牌，新生资本力量发展

媒体融合可谓任重而道远，而成熟的资金链是媒体转型、媒体融合的必要基础。从 2015 年开始，大多数传统媒体相继落实多元化战略，通过资本市场的新媒体资源进行整合重组，并实现了投资收购、融资上市，不仅开辟了更多募集资本的途径，也使得资金链更加成熟。

传统报业集团以新媒体转型产品或机构为跳板进驻资本市场。2015 年，杭州日报报业集团所属的"华媒控股"于 1 月在深圳上市；辽宁报业传媒集团旗下的"北国传媒"在同年 6 月于新三板完成挂牌，而后在 7 月与江西日报传媒集团所属的"大江传媒"在新三板上市；包括天津广播电视台、今晚报、天津日报在内的天津北方网新媒体集团于同年 10 月正式登录新三板；东方网于同年 12 月在新三板承购挂牌。2016 年，上海报业集团旗下的新媒体项目界面（上海）网络科技有限公司完成 B 轮融资，资金总量超过 3 亿，而后大力研发原创视频和音频产品；新华网于同年 10 月在上交所成功挂牌，而后以募集资金为主要方式推动媒体信息应用服务云平台和移动互联网集成、加工、分发等促进媒体融合发展的项目。除此之外，包括募集资金达 12.08 亿元的万达院线、募集资金达 2.04 亿元的中文在线、募集资金达 5.86 亿元的读者传媒在内的多家传媒公司相继上线，其中，万达院线是第一家登录 A 股的院线公司，中文在线是中国数字阅读的第一股，读者传媒是中国 A 股期刊第一股。

2015 年，广电传媒集团在资本市场中的表现也堪称活跃。在这一年里，江苏省广电有线信息网络股份有限公司于 4 月在上交所完成上市；东方明珠和百事通于 5 月合并为东方明珠新媒体股份有限公司，二者在复牌时拥有超过 1600 亿元的市值，化身中国传媒界的"航空母舰"。此外，新东方明珠向兆驰股份投入 33 亿元资金，用于研发智能电视。2015 年仅过去一半时间，上海东方明珠传媒集团有限公司的利润总额就已经达到 23 亿，同比增长达 17.91%，上市公司营业收入在上海东方传媒集团有限公司（SMG）营业收入总额中的占比达 78%，其利润总额相当于 SMG 扣除重组增值收益外的全部；湖南广电旗下的新媒体芒果 TV 于同年 6 月进行了 A 轮融资，总估值达 70 亿，且芒果 TV 还向荔枝 FM 投入大量资金，促进广播与互联网的融合发展。2016 年 6 月，芒果 TV 进行了 B 轮投资，成功募集将近 15 亿元的资金，其市场估值已达 135 亿元，为推动"一云多屏"项目的发展和互联网布局打下坚实基础。

三、媒体融合发展路径与走向分析

媒体融合具备长期性、复杂性的特征，需要循序渐进地倡导与推动。由于电视媒体的特性，其综合发展的定位和走向是大体固定的，优势互补、集中发展、协同发展是其必要措施，把内容做强做大、抢占端口、优先发展移动端、双轮驱动都是媒体融合的必经之路。此外，电视媒体在进行融合后仍然是人民群众的"广播喇叭"，其性质、任务、定位和职责并不会产生变化。电视媒体一直被视作主流媒体，在漫长的发展过程中始终为文明建设服务，同时也拥有在政治、资源、人才等方面的强大优势，并且伴随着媒体融合的不断发展，这些优势会越来越明显。

（一）国家对广电媒体转型发展的扶持力度持续增大

政府通过出台各种政策和措施的方式，不断推动媒体融合的发展建设。国家新闻出版广电总局于 2016 年 7 月发布的《关于进一步加快广播电视媒体与新兴媒体融合发展的意见》指出要将广电媒体推进融合发展的时间表和路线图明确出来。此外，政府还在财政方面进行大力扶持。根据调查，全国广电业广告收入的断崖式下滑持续了两年，在 2015 年为 1529.54 亿元，同比下降了 4.44%；城市台广告收入及其在全国广告收入的比重都出现了明显的下降，而这种情形仍在继续。然而，全国广电总收入正持续增加，2015 年为 4334.56 亿元，与 2014 年相比上涨 9.66%，增加的额度以财政补贴为主。在 2015 年，其财政补贴收入为 572.76 亿元，比 2014 年上涨 17.37%，这也证明了各级政府都不同程度地增加了财政补贴，并且在 2016 年，财政补贴的力度变得更大。2016 年 9 月，济南市宣布设立媒体融合发展专项扶持资金，通过在"十三五"期间每年投入 2000 万元的投资形式，重点推进融媒体内容产品的研发。河北省于 2016 年 12 月发布了《关于加强对各级新闻媒体财政支持的通知》，并指出要进一步为以党报党刊、广播电视台、重点网站、新媒体为主的新闻媒体提供支持保障。在这种情况下，很多城市纷纷出台相应措施，以精准测算为主要手段，自2017年开始先后将所辖媒体纳入本级财政预算的覆盖范畴，从而保证对每一种媒体都实现拨付充足。与此同时，广州市财政局的《关于下达支持党报媒体发展资金的通知》指出要在2017年结束前向市属媒体注入数亿元的专项资金。在这些举措的示范和影响下，全国范围内的其他省份、其他城市也从自身实际情况出发，通过各种手段发展传统主流媒体，并将其引领到融合发展的大趋势浪潮中。

但是，仅仅凭借政府财政支持，在帮助广电媒体完成基本宣传任务、公共服务之外，无法为媒体融合提供足够的试错机会。广电媒体要以量入为出、企划出路的方式，循序渐进地深化媒体融合的改革与发展。

（二）电视媒体融合发展的路径选择

对于电视媒体而言，清晰认识媒体融合的重要性和迫切性是十分重要的，让顶层设计更加科学、合理也是必要措施。当下，由于网络技术尚未成熟、更新速度很快，且中央处理器的价格以每18个月下降一半的速度存在于市场，盲目地投入、发展过快会产生后续资金不足、试错升级停止、过度浪费等多种不良后果，这对于普通的电视媒体根本吃不消，但谨慎观望又不够积极，因此协同发展才能够让电视媒体积极主动地稳步发展。

1. 统筹协同发展

协同发展的首要任务是寻找具备核心技术研发能力、云处理器优秀、能够进行市场开发的互联网公司，通过资源互补的方式对接特定项目，从而与其成为战略合作伙伴；然后，转变思维方式，按照互联网的思路对市场进行观察、审视，从而稳步前行。马云所说的"从以自己为中心，变为以他人为中心，把服务变成用户体验，坚持开放、透明、分享和责任"就是对这种思维最好的注解。在上述措施完成后，要转变战略，贯彻从受众到用户、从大众到个体、从节目到产品、从传播到服务、从固定到移动、从终端到平台、从单一到跨界、从一元到多元的战略模式。

2. 纵向协同发展

城市台在最近几年的转型过程中，开辟了很多发展新道路。例如，与当地智能城市建设相融，充当当地城市智能终端的门户。想要建设智慧城市，就需要对当地政府在政府、交通、治安、文教、生活服务等方面的信息进行整合，并使得千家万户得以连通，而具备足够整合实力、足够可信度的管理者就是城市台。苏州、扬州、无锡等地的电视台采用的都是深度植入智慧城市建设的策略，进而拥有新平台、掌控新资源，让本地域处于全媒体整合覆盖的范围内，并与媒体融合协同发展，从而使之与整个城市的发展紧密相连。上述这种发展方式被称为纵向协同发展。

3. 横向协同发展

我们可以把互联网着手处理的"倒融合"称为横向协同发展，包括百度、阿里巴巴、腾讯（BAT）在内的互联网企业发挥着引导作用。这些互联网企业以雄厚的资金为基础，相继进军传媒界，国内很多融合项目都涉及 BAT，传统媒体也因此实现了加速转型。BAT 旗下的爱奇艺成立于 2010 年，从成立开始每年都向宽带、版权、PGC 业务投入巨量资金，这也让其收获了各项指标都领先于其他各大视频网站的佳绩，甚至部分传统电视台也会受到爱奇艺的影响而作出改变。此外，各大视频网站都以电视剧、节目、电影、动漫等四大类专业内容为布局入手点，积极构建内容产业链，无形中存在的以"互联网＋光电""互联网＋公共文化"的传媒生产工厂不断拓展业务范围，各个"工厂"主要围绕优质内容进行争夺。

在这场竞争"游戏"里，体制和资金为传统媒体转型带来了相当大的压力。"倒融合"要求互联网和传统媒体合资创办新公司，新公司要实施混合所有制改造，不仅可以为传统媒体融合提供充足资金，也可以让新公司的管理层和骨干员工持高比例的股权，从而解决体制和资金难题。"倒融合"是 BAT 觊觎尚未成熟的媒体融合市场的充分体现，也承载着以内容创作为主的广电行业借巨量平台"东风"的美好愿望。除此之外，广电行业一方面渴求上亿级别的用户量和数据量，另一方面能够大力促进体制内生产流程的优化。然而，BAT 本质上由外资控股，广电的部分传播渠道受外资的约束，其安全性有待商榷。

（三）电视媒体融合发展的未来趋势

我们可以在 BAT 的各种操作中发掘有关媒体融合市场的三层内容：第一，视频业务的市场占有量将增大；第二，移动互联网将大范围地拓展业务；第三，体制是未来融合发展的风向标。根据这三个层面的内容，我们可以设想媒体融合的发展前景。

1.做强内容产业，做大网端入口，占领产业链上游

优质内容是媒体的灵魂，从业者的灵感和创意是文化产业的发展动力。传统媒体具备内容生产的数量与质量足够和高传播信任度、高传播接触率等优势。在当今社会，它所提供的内容占网络媒体总内容的 80%，其接触率也始终稳定在高水平上。传统媒体不仅为新媒体提供内容和流量，也需要网络渠道和技术支持，使二者达到平衡进而实现盈利的点始终没有真正被发掘出来。如今，手机用户趋于饱和，网民阅读总流量也很难再实现大幅度提升，国民观网的 G 点所处位置不断上升，优质内容正在渐渐成为稀缺资源，哪些媒体掌握更多的优质内容，哪些媒体就会在市场中更具话语权。此外，国家正在加大整顿网络安全和播出秩序的力度，不具备优质内容的网站将会步履维艰。在未来的时间里，网络视频行业将在国家法律法规的整治下慢慢聚拢，具备优质 IP 的一方完全有可能占领网端入口和产业链的前端，这也就为传统媒体提供了重新崛起的机会。一方面，传统媒体需要坚持优势互补、一体发展的措施，从宏观层面规划战略思维、分配资源力量，进而统筹项目平台的发展；另一方面，传统媒体要为广大用户提供更加优质的服务和体验，将垄断内容创意的优势转变为市场竞争的优势，进而占据产业链优势位置，提高媒体的整体价值。

2.坚持移动优先，跟踪前沿技术，布局未来移动终端

如今已经是移动互联网时代，飞速发展的互联网和智能终端技术极大地促进了媒体融合发展。移动互联网使得信息生产、分发、盈利方式等方面的体系发生改变，也为大量的草根化内容生产提供了展现平台，离开它就相当于忽略了绝大

多数信息，并且这种情况会维持一定的时间。某些传统媒体具备一定的优势，它们以微信、微博和今日头条为入手点，注册主打新闻内容的客户端、公众号和微博账号，构建具备多样化载体、高水平体验、广覆盖面积的移动传播矩阵。在内容市场格局发生巨大变化的背景下，"互联网+"将以新的生产要素的身份融入各类平台型媒体中，并借助多屏转换技术、各种社交工具提升用户黏性，并建立内容+通道+入口的全媒体传播生态系统，潜移默化地改变人们在吃穿住行、学习、娱乐、消费、金融等方面的日常生活。针对这一潜力巨大的市场，传统媒体会对未来移动终端进行布局，并深化拓展改革，提高市场竞争力。

技术的进步是没有尽头的。已经沉寂多年的物联网十分有可能替代移动互联网。3GPP组织（移动通信标准化团体）于2016年6月宣布将NB-IoT标准协议（"NB的物联网协议"）作为全球统一标准；同年11月，华为规划的极化码方案被该组织用作5G短码的最终方案，这标志着中国将掌握通信领域的重大话语权。5G时代的到来将会使物联网飞速发展。

只有深入理解行业，并仔细分析、细分需求，才可以占领物联网"智造"的先机。根据中办、国办于2017年1月发布的《关于促进移动互联网健康有序发展的意见》，全方位推进移动互联网健康、有序地发展是必要举措。以4G传输、流媒体、移动直播、无人机采集、全景拍摄等现有技术为基础，我们应时刻关注移动技术的前沿发展与变化，紧跟5G传输、物联网、增强现实、可穿戴设备等方面的发展脚步，提高谋划未来移动传播终端的积极性，力求让多终端"无时差、零距离、全视角"的无缝转换传播成为现实。

3. 采用新的测量技术，推动评价机制与融合实践同行并进

不断飞速发展的网络视听技术和各种移动终端使得广播电视节目跨屏传播变得稀松平常，因其覆盖的范围越来越大，根据试听率去衡量节目的影响力和传播平台的价值可以说是不够科学的。因此，实现跨屏试听测量，让在融合传播方面具备高水平能力的媒体获得鼓励和认可是融合发展的重要任务，因为这些任务的完成情况影响着融合实践纵深发展的持续度。广电总局于2012年发布的《关于

建立广播电视节目综合评价体系的指导意见（试行）》（76号文）明确了"新媒体发展融合力"的指标，强调各地要积极构建综合评价体系。融合力指标能够将广播电视节目在网络端的传播数据呈现出来，在节目综合评价体系中占据重要位置。但针对怎样实时捕捉网络受众参与的动态与互动数据，并以此为基础分析出可以量化的"融合力"，当时并没有妥善的解决方案。近年来，网络数据抓取技术、数据挖掘技术均获得显著提升，这实现了全方位、多层次、交叉式、多媒体、大数据、时点化的立体测绘与研究，部分数据公司也拓展了"跨屏试听测量"的业务。

跨屏试听测量被用于形容受众根据不同终端完成对统一节目总结出的量值计算。由于节目能够跨屏传播，理论上可以通过测量同一节目在不同终端收获的接触值，根据加总和去重的处理方式，计算出"融合力"的最终数据。对于运营商而言，跨屏测量不仅可以让广播电视节目在接收端的综合传播效果以数据的方式呈现出来，也可以帮助经营商分析节目内容对受众的吸引程度，进而有目的地创新节目的编排和跨屏分发。需要注意的是，跨屏试听测量也存在不足，具体表现为大/小样本数据结构不同、受众参与度指标无法统一、规则来自数据采集方等。这就需要具备一定权威的"第三方"机构介入，并构建合理的评价体系，让融合传播具备值得参考的衡量标准。

新闻出版广电总局于2016年12月在海口市举办的全国广播电视节目综合评价体系建设工作座谈会上明确指出，为使得广播节目秉持正确的方向、导向，提升意识形态的维护水平，要构建成熟的节目综合评价体系，这对于提高节目质量、优化节目内容十分关键；该座谈会还强调各地要将节目综合评价体系建设当作办节目、办台方向的基础性工作去对待。新的节目综合评价体系将会使融合传播评价机制更加完善、成熟。

四、媒体融合发展前景展望与对策建议

就实际情况看，想要改变媒体综合竞争力的本质，并延长媒体新闻产业链条、

提高新闻产品的选择性水平，促进传统媒体和新媒体的融合发展是唯一途径，二者的融合还能进一步提升新闻资源的整合效果和时效性，并拓展媒体的影响范围。为了实现这一目标，国内各家媒体相继采取了很多种尝试手段，尽力满足时代的媒体需求，并提高新闻从业人员在基本素养、业务能力等方面呈现出的水平，不断开辟新闻传播的渠道，进而推动传统媒体与新媒体的融合发展。

（一）创新媒体机制，深化新媒体理念与价值认同建设

转变理念、转变思维是实现媒体融合的必要基础，深化新媒体理念、推动价值认同建设是实现媒体融合的必要措施。客观来说，对媒体融合发展产生高度的认同感，要求在新闻采编工作的过程中彻底贯彻媒体运行机制的理念。进行媒体融合时，传统媒体需要改变工作重心，不仅不能完全放弃传统媒体业务，还要将互联网和移动互联网视为工作前沿阵地，并重点发展新媒体业务。开放、平等、分享都是互联网的标签，媒体从业者要秉持新媒体工作的意识和原则，让自己尽快适应网络环境，在互联网世界开拓媒体传播新道路。

新传播技术不断完善、不断更新要求媒体机制加快创新速度，提高创新质量。媒体要时刻保证发展的专业化，并以适应时代发展节奏为目标，以市场、政府、用户等各方的需求为基础不断革新运行机制。从新闻生产角度看，构建统一的新闻供稿机制可以保证新闻信息资源能够随时被共享，也能让新媒体平台对即将发布的信息进行提前更改和校对。此外，包括"新媒体中心""融媒体中心""中央编辑部"在内的各个新媒体部门都从空间布局角度推动着新闻采编工作的发展。上报集团、重庆日报、浙江日报等多个媒体集团为了提高内部员工进行新媒体创业的积极性，都根据内部项目的孵化机制，开展了不同的运行措施。

作为媒体机制的重要组成部分，激励机制足够科学、合理不仅能够提高员工的工作热情，以及员工对于工作的积极性、主动性，还能够提高媒体发展的整体水平。媒体企业的薪酬结构要根据新媒体工作的成效综合考虑、详细制订，并保持从细从理，这样一来，一方面可以监督新媒体平台的工作质量，另一方面可以为员工创造进行自我奖励的入手点，让他们为优化媒体融合工作改变自己的意识、

优化工作进程。《新京报》《北京青年报》都是实施合理的激励机制的成功模范。

在构建管理机制时，普遍性、特殊性是必要的考虑因素。要按照统一的管理框架，根据媒体的整体发展方向构建提升技术、改善内容的具体机制，提高媒体从业人员的文化素养和职业技能。此外，由于新媒体和传统媒体在传播特性上存在差异，针对传播内容与方式、传播效果与影响范围及与广大用户进行互动的效果等方面设定评价目标也是很有必要的。

（二）兼具媒体与产品思维，发挥媒体社会引导功用

根据媒体融合发展的要求，新闻专业理念、新闻产品策划、新闻运营理念都是媒体的必备要素。在互联网和移动互联网时代，积极运营产品、提供服务是提高传统媒体市场竞争地位的重要措施。而媒体与用户需求进行对接，是产品运营理念的核心体现。

第一，技术融合是媒体更新新闻呈现方式的依据。例如，由于添加了呈现生活场景的H5页面，2016年的"两会"报道被广大网民踊跃转发点赞；开展全媒体平台探索的《人民日报》在其微信公众号上添加了包括"傅莹邀请您加入群聊啦""北京的哥'舌战'五部长"在内的H5页面。广大用户可以通过《人民日报》、新华社、央视新闻等中央级主流媒体客户端观看"两会现场"的实时画面，获得意想不到的参与体验。在未来的日子里，新媒体传播技术将进一步影响甚至改变新闻信息产品的加工与展示方式，从而引领媒体的整体发展方向。所以，当下社会的媒体要从用户的具体需求出发，不断提高自身的技能水平，让新闻内容更具影响力、更加专业化。在信息多屏呈现的时代，媒体矩阵化发展与构建生态系统是融合发展的可选渠道。以媒体为基础形成的多产品集群，能够以全终端覆盖推广的方式实现向内容信息本身的反哺。也就是说，用户可以从PC端、移动端、电视端等各种终端获得新闻内容，也可以从具备差异的不同信息化终端获得不同的满足感。

第二，新媒体不仅使得信息生产流程和呈现方式发生变革，也使得广大用户更具有对信息的把控能力，从而让媒体进一步发挥社会引导的功能。"花里胡哨"

地呈现新闻信息不是媒体融合的发展目标,提高所呈现新闻的真实度和客观度,并让用户获得更加精准的信息才是媒体融合的最终任务。所以,媒体要发掘新闻产品的精神价值和社会引导力。如果说媒体的灵魂是优质内容信息,那么媒体机构的核心特征就是持续不断地生产高质量新闻内容。正确引导社会价值观,是媒体在任何终端都要坚持的原则。

(三)继续多元经营与资本探索,完善媒体融合评估和新媒体监管制度

从融合发展的整体过程看,媒体可以根据广告、电商、增值服务构建多元商业机制,并全方位地拓展盈利业务,获得商业回报。例如,媒体可以采取打造品牌、提升媒体形象的方式,让媒体更具公信力和影响力,进而收获经济效益。此外,要加大运营创新的力度。媒体可以考虑构建用户资料数据库,以此摸清用户使用新媒体的规律,为精准运营提供便利,注意这个过程要保证采编系统和经营系统的相互独立;从资本层面看,推进媒体融合所需要的资金量可谓十分巨大,上市或进行收购是媒体进行融资的可选方法。

此外,要构建评价媒体融合效果的具体机制,从而更加客观、更加科学合理地对媒体融合工作进行评价。评价机制建立后,一方面,媒体融合的现有工作优势将更加稳固,融合过程中的不足会被有效弥补,媒体融合工作将会开展得更加顺利;另一方面,从制度上可以加大对媒体的监管力度,推动新媒体监管法制建设的发展。当今社会,网络实名认证制度、网络安全审查制度与标准、《网络安全法》《互联网新闻信息服务管理规定》等规章制度为互联网的正常运行提供了保证,同时也为融合发展提供了更加清澈、更加良好的环境。

参考文献

[1] 方东明.电视新闻[M].兰州：甘肃人民出版社，2005.

[2] 徐征.广播电视新闻话语流变[M].沈阳：沈阳出版社，2020.

[3] 周芳林.教育电视新闻的叙事策略与技巧[M].北京：中国广播影视出版社，2021.

[4] 薛亚青，解洪科，牛霞玲.电视新闻话语研究[M].济南：山东人民出版社，2017.

[5] 唐俊.电视新闻市场竞争研究[M].上海：文汇出版社，2018.

[6] 吴信训.新编广播电视新闻学[M].上海：复旦大学出版社，2018.

[7] 文红.电视新闻编辑理论与实践[M].太原：山西经济出版社，2018.

[8] 于松明.广播电视新闻实务[M].北京：国防工业出版社，2016.

[9] 张斌王，玉玮.电视新闻生产理论与实践[M].上海：上海交通大学出版社，2017.

[10] 段蕾.全媒体环境下的电视新闻报道[M].长春：吉林美术出版社，2021.

[11] 吴志霞.媒体融合时代广播电视新闻采编工作的创新途径分析[J].西部广播电视，2022，43（03）：187-189.

[12] 翟忠善.媒体融合中电视新闻舆论引导力的发挥[J].新闻文化建设，2022（02）：137-139.

[13] 李凯.媒体融合时代广播电视新闻采编工作的创新途径研究[J].西部广播电视，2022，43（01）：164-166.

[14] 王洋草.传统电视新闻与新媒体融合创新策略[J].中国报业，2021（24）：30-31

[15] 孟岳.媒体融合视域下广播电视新闻采编工作的创新[J].记者摇篮，2021（08）：89-90.

[16] 侯永斌.媒体融合背景下电视新闻传播的走向与策略[J].记者摇篮，2021

（08）：94-95.

[17] 冯微.媒体融合背景下电视新闻传播的优化路径[J].新闻传播，2021（15）：117-118.

[18] 晋兰.媒体融合视角下电视新闻记者的角色转型路径探索[J].西部广播电视，2021，42（11）：128-130.

[19] 耿彤.媒体融合时代广播电视新闻采编工作的创新途径与方法[J].黑河学刊，2021（02）：42-44.

[20] 冯萌.新媒体时代广播电视新闻媒体融合发展途径[J].传媒论坛，2021，4（05）：27-28，31.

[21] 高雅.短视频新闻对电视新闻的补偿性研究[D].呼和浩特：内蒙古大学，2021.

[22] 沈英丽.融媒体时代广播电视新闻工作者媒体素养教育研究[D].石家庄：河北师范大学，2020.

[23] 徐利原.智媒时代电视新闻主播角色定位多元化研究[D].郑州：河南大学，2020.

[24] 刘筱云.媒介技术视野下电视新闻节目内容生产与融合传播研究[D].兰州：西北师范大学，2020.

[25] 徐萌.媒介融合背景下我国电视新闻的创新研究[D].长春：吉林大学，2017.

[26] 王博.融媒体电视新闻节目的传播策略[D].上海：上海师范大学，2017.

[27] 许盛循.融媒体背景下电视民生新闻的创新与发展探究[D].哈尔滨：哈尔滨师范大学，2016.

[28] 王珏.新媒体背景下我国电视新闻媒体的创新研究[D].武汉：武汉大学，2014.

[29] 王灿.新媒体环境下电视新闻节目发展趋势研究[D].曲阜：曲阜师范大学，2014.

[30] 倪朦.新媒体语境下电视新闻报道策略的变化[D].合肥：安徽大学，2013.